未来を読む

AIと格差は世界を滅ぼすか

ジャレド・ダイアモンド 他 著
Jared Mason Diamond

大野和基 インタビュー・編
Ohno Kazumoto

PHP新書

プロローグ

本書は、進化生物学、歴史学、経済学など、さまざまな分野における世界のトップランナーたちに、来るべき世界について尋ねた論考集である。サブタイトルとして「ＡＩと格差は世界を滅ぼすか」と題している。世界中の慧眼《けいがん》の士に取材を重ねる中で、今後の未来を決定づけるものとして多くの論者が問題視し、注目していたのがこの二つのファクターだった。

まず、未来を象徴する言葉の一つが、ＡＩ（人工知能）であることに異論を唱えることは難しいだろう。二〇一五年、ＡＩの進化例として人間のプロ囲碁棋士を破った初のコンピューター囲碁プログラムであるアルファ碁のことが大々的に報じられた。今日、ＡＩは人間の労働に取って代わるものとして脅威を呈するだけでなく、人類の存在自体を脅《おびや》かすものとして現実味を帯びてきているといっても過言ではない。

二十世紀末から二十一世紀初頭にかけてのＩＴ、バイオテクノロジーなどを駆使した、先端技術の革命は、第三次産業革命と言われる。ＩＴ技術の発達によって世界はフラット化し、グローバル化がいっそう進んだ。

そして、第四次産業革命の代表は紛れもなくＡＩ革命だ。ＡＩは健康（医療）、住まい、教育、食にも革命を起こしつつあり、働き方にも甚大な影響を及ぼしている。

現代は、第三次産業革命の爛熟と、第四次産業革命の萌芽の狭間にある時代であるといえるのではないだろうか。二〇一六年に起きた「ブレグジット」（イギリスのＥＵ離脱）に象徴されるように、格差や分極化を引き起こすグローバリズムへの疲労感が通奏底音として漂い、その傍らで、新たなＡＩ革命が勃興を始めている。

革命は社会を劇的に変えるものだが、社会を変えるだけでなく、既存の価値観が崩壊し、新しい価値観が生まれるのが常である。本書は、そうした新しい価値観の息吹を感じさせる一冊にもなっている。

「知の巨人」が見通す未来

ここで簡単に、本書の内容を紹介しておこう。

『銃・病原菌・鉄』（上下巻・草思社）などの大著で知られる進化生物学者、ジャレド・ダイアモンド氏は、ＡＩによるものであれ何であれ、「格差」は今後世界で最も大きな問題の一つとなると予想する。格差によって生じる新興感染症の拡大、テロリズムの蔓延、そして移住の加速は、先進諸国にも深刻なダメージをもたらすだろうと予見する。

世界的ベストセラーになった『サピエンス全史』（上下巻・河出書房新社）の著者であり、歴史学者であるユヴァル・ノア・ハラリ氏は、ＡＩが高度化するにつれ、いずれ「役立たず階級」が大量発生すると予測する。その言説は理路整然として異見を挟む余地がない。

『LIFE SHIFT（ライフ・シフト）』（東洋経済新報社）の共著者であり、人材論・組織論の世界的権威であるリンダ・グラットン教授は「人生一〇〇年時代の到来」を予見する。「人生が一〇〇年になれば、従来の〈若年期は教育、青年から壮年期は仕事、老年期は引退〉という三つのステージの生き方は通用しなくなる」と単刀直入に言う。そして、未来に向けての新しい人生戦略を指南してくれる。

今世界で最も注目を集めている若きＡＩ学者であり、オックスフォード大学「人類の未来研究所」所長であるニック・ボストロム氏は、二〇一四年に「スーパーインテリジェンス」のオリジナル版を上梓したが、今回のインタビューで「ここ数年のディープラーニング（深層学習）の進歩は目まぐるしく、当初の想定よりタイムラインが縮まった」と当時の予測を早くも修正している。人間の叡智を結集した知力を凌駕する「スーパーインテリジェンス」が到来したら、人類は滅亡する可能性が出てくるのか。考えられるシナリオについて熱く語る。

フランスを代表する経済学者であるダニエル・コーエン氏は〈経済成長は人類を幸せにできるのか〉という根源的な命題に取り組み、テクノロジーの発達と、経済成長、幸福の関係をわかりやすく説明してくれる。人類が半分サイボーグ、半分人間になるような世界は果たして幸福と言えるのだろうか。

二十世紀は「戦争の世紀」であったとも言えるだろう。核という戦力を各国が有した二十一世紀における戦争は、どのような様相を呈するのか。とりわけ東アジアの情勢においては、北朝鮮の動向が大きな鍵を握る。ビル・クリントン政権時代に米国防長官を務め、一九九四年の危機の際に北朝鮮との交渉にあたったウィリアム・J・ペリー氏は、北朝鮮の非核化宣言によって戦争のリスクが減ったとはいえ、偶発核戦争のリスクは常にあると警鐘を鳴らす。

また、今日格差というファクターを考える際に、避けて通れないのがアメリカという超大国に起きつつある大きな変化である。大方の予想を覆《くつがえ》してドナルド・トランプ氏が大統領になった背景には、強力な支持層である「ホワイト・ワーキング・クラス」という階級が存在した。アメリカに生じたポピュリズムの嵐や、自壊を始めた民主主義の背景を解説するのが、労働問題の専門家・ジョーン・C・ウィリアムズ氏とプリンストン大学の名誉教授であるネル・アーヴィン・ペインター氏である。アメリカ社会で起きていることは、一〇年後、二〇年後に日本でも起きると言われている。自由と民主主義の国・アメリカの未来を考えることで、何が見えてくるだろうか。

明日への羅針盤を手に入れよ

われわれは現在、AI革命という怒濤の変化の只中にいる。AIが将来どのような変革を社会にもたらすか、未来予測が可能な部分もあれば、予測もつかない部分もある。予測のつかないことは我々に不安を与える。それは、言ってみれば視界の見えない濃霧の中で運転を強《し》いられる状況に似ているからだろう。

しかし、本書に登場する「世界の知のトップランナー」とも言うべき慧眼の士の知見に耳を傾ければ、その霧は徐々に晴れていき、われわれが今抱いている憂患はいくばくか軽減されるだろう。もちろん、未来は誰にもわからない。だが、世界の知の巨人たちが積み上げてきた叡智をもってすれば、その輪郭をつかむことはできるのではないだろうか。

未来のイメージを少しでも具体的に描くことができれば、今やるべきことも明確になる。

本書が、読者の皆さまにとって未来へ歩を進める一助となれば、望外の喜びである。

大野和基

未来を読む

目次

Chapter 1

ジャレド・ダイアモンド
資源を巡り、文明の崩壊が起きる

Yuval Noah Harari

Chapter 2

ユヴァル・ノア・ハラリ
近い将来、「役立たず階級」が大量発生する

Lynda Gratton

Chapter 3

リンダ・グラットン
人生一〇〇年時代、生き方は三つのステージからマルチ・ステージへ

Nick Bostrom

Chapter 4

ニック・ボストロム
AI万能時代が訪れ、働き方は根本的に変革する

Daniel Cohen

Chapter 5

ダニエル・コーエン テクノロジーは中流階級を豊かにしない

William J. Perry

Chapter 6

ウィリアム・J・ペリー 北朝鮮は核開発をあきらめない

Joan.C.Williams

Chapter 7

ジョーン・C・ウィリアムズ
民主主義を揺るがす「ホワイト・ワーキング・クラス」という人々

Chapter 8

ネル・アーヴィン・ペインター
アメリカは分極化の波にさらされる

Chapter 1

資源を巡り、文明の崩壊が起きる

〝世界経済がますますグローバル化する中で、最近の人類は歴史上初めて、「グローバルな崩壊」を経験する可能性が出てきました。今日では各国の経済が相互につながっているので、一つの国家の経済が崩壊すると、ほかの国の経済に甚大な影響を与えることになります。歴史上、社会は一つひとつ崩壊していきましたが、お互いに影響しないことが多かった。イースター島の社会が崩壊したとき、世界の誰もその事実を知りませんでした。〟（四八ページより）

Jared Diamond

ジャレド・ダイアモンド

カリフォルニア大学教授

1937年、アメリカ・ボストン生まれ。ハーバード大学で生物学、ケンブリッジ大学で生理学を修め、進化生物学、鳥類学、人類生態学へと研究領域を広げる。カリフォルニア大学ロサンゼルス校（UCLA）医学部生理学教授を経て、現在、同校地理学教授。著書『銃・病原菌・鉄』（上下巻・草思社）でピュリッツァー賞を受賞。邦訳書に『文明崩壊　滅亡と存続の命運を分けるもの』（上下巻・草思社）、『昨日までの世界　文明の源流と人類の未来』（上下巻・日本経済新聞出版社）など多数。

写真：的野弘路

ユヴァル・ノア・ハラリ氏の『サピエンス全史』（上下巻・河出書房新社）が世界的なベストセラーとなったことからもわかるように、人類史を鳥瞰的に見るアプローチに世界中が関心を寄せている。ますます不確実性を増す世界において、巨視的な視点で歴史を捉え直し、そこから現状を鑑みる知性の在り方が必要とされているのかもしれない。

ジャレド・ダイアモンド氏は『銃・病原菌・鉄』（上下巻・草思社）で、なぜ人類は五つの大陸で異なる発展をとげたのかという、人類史の壮大な謎を進化生物学、生物地理学、文化人類学、言語学など広範な知見を縦横に駆使して解き明かし、みごとピュリッツァー賞を受賞した。そうした意味で、ダイアモンド氏は現在起きている思想的な潮流の、いわば「総本山」と言っても過言ではないだろう。

今回のインタビューでは、二つの大きなテーマが軸となっている。一つは、少子高齢化や格差など、日本と世界が抱える問題。もう一つは、ダイアモンド氏が四十年にわたり研究を続けてきた、ニューギニアなどの「伝統的社会」が有する叡智についてである。

未来の日本が直面する少子高齢化について、氏は楽観的である。日本ではまだまだ人的資源が活用できていないため、それが改善されれば、少子化にことさらに悲観的になる必要はない。さらに、これからの世界においては資源を巡る戦争が起きる可能性があるが、多くの資源を必要としないという点において、少子化は歓迎すべきことだという見方を披露する。

対して、多様性について日本は大きく遅れをとっている。ノーベル賞受賞者の数は、じつはアメリカは断トツであるが、人口比や科学研究の投資比からみると日本人のノーベル賞受賞者数はスイスやフランスやスウェーデンより少ない。それは日本が多様性に欠けることによる、マイナス面であるとダイアモンド氏は言う。多様性には良い面も悪い面もあるが、クリエイティビティは多様性から出てくることを考えると、日本の未来はどうなるのだろうか。

また、格差の問題についても忘れてはならない。ダイアモンド氏は、格差によって生じる三つのリスク、すなわち新興感染症の拡大、テロリズムの蔓延、移住の加速が大きな問題をもたらすと予測する。格差問題を是正することは、価値判断上だけの問題ではなく、世界的リスクを避けるために先進諸国が取り組むべき戦略的課題なのである。

インタビューの後半では、伝統的社会が有する叡智について語っている。子育ての方法から高齢者の社会的地位に至るまで、農耕型定住社会と遊牧型社会では異なった「型」を持っている。異なる種類の伝統的社会を比較すれば、たとえば子どもへの体罰がどういった影響を与えるかを、いわば実証的に知ることができるだろう。

「明日以降の世界」はどうなるのか

――ダイアモンドさんはかねがね、「どの文明も崩壊するリスクがある」とおっしゃっています。現在の先進諸国が包含するリスクとは何でしょうか。

ダイアモンド　現在の先進国は端的にいえば、「持続可能性がないコース」を突き進んでいます。そのため、つねに崩壊のリスクにさらされているといえます。われわれ人類は、地球が資源をつくるのが追いつけないほどのスピードで、資源を大量に消費しています。ですからこのままでは、資源の不足による「直接的な崩壊」か、資源をめぐる競争が戦争を引き起こすことによる「間接的な崩壊」は避けられないでしょう。

――二〇一一年、日本は東日本大震災と福島原子力発電所事故という破局的な災害を経験しました。現在でも、遅々として復興が進んでいない地域もあります。ダイアモンドさんは著書『昨日までの世界』（上下巻、日本経済新聞出版社）で、四十年以上研究を続けていらっしゃるニューギニアなどに存在する「伝統的社会」の中に、さまざまな叡智《えいち》を見いだせるとおっしゃっていますね。大災害などの危機から立ち上がるにあたり、伝統的社会に学べることとは何でしょうか。

ダイアモンド　事故の経験から、日本人が原発について懐疑的になっているのはよく理解できます。しかし、その代替手段を考えなければなりません。空気汚染や気候変化を起こす火力発電のリスクと、原発事故が再び起きて、多くの人びとが亡くなったり健康被害に苦しんだりするリスクとを秤《はかり》にかける必要がある。選択肢の少ない伝統的社会では、既存のエネルギーを有効活用するほかありませんが、日本は今選択を迫られているのです。

日本は人口減少を喜ぶべき

――日本では、これから起こるであろう人口減少が問題視されています。われわれはこの問題にどう向き合うべきでしょうか？

ダイアモンド　日本では人口減少は悪いことだと見なされていますが、じつは喜ぶべきことです。なぜなら、日本における最大の問題の一つが資源不足だからです。日本は資源に乏《とぼ》しく、輸入に依存しています。資源に対する需要は人口に比例し、人口が多ければ多いほど、より多くの資源を確保しなければなりません。

日本の外交政策にとって、一世紀にわたる難題はまさにこの資源の輸入でした。もちろん経済的にも大きな問題ですから、人口減少は日本にとってアドバンテージ（利点）になるのです。

――しかし、人口減少は国力の衰退につながりませんか。

もし私が北朝鮮の邪悪な独裁者・金正恩《キムジョンウン》だったら、日本にできるだけ多くのダメージを与えるために、何とかして日本の人口を増やさせたいと思うでしょう。それが日本を困らせる最も簡単な方法です。

一般的に、人口が多いことはアドバンテージであると見なされますが、本当にそうでしょうか？　たとえば、ナイジェリアの人口は日本より多い二億人近くに及び、ドイツの人口は日本の三分の二ほどです。日本が重要な大国である理由は、一億以上の人口があるからではなく、ドイツと同じクリエイティビティ（創造性）と経済生産性を有しているからです。端的にいえば、人口減少について気にするのは当然の態度としても、日本はむしろ人口が減少していることを喜ぶべきなのです。

――ただ、人口減少とは労働人口が減っていくことも意味します。現在の日本ではすでに深刻な人手不足が問題視され始めています。このままでは将来の社会保障が破綻するのではないか、という懸念も聞かれます。

ダイアモンド　人口減少のマイナスの影響について懸念する人は、私とは正反対の考え方をしています。人口減少が「全世代における労働人口の減少」を意味するのなら、それ自体がアドバンテージであることに変わりはありません。

定年退職ではなく高齢者の活用を

――まさにその点が問題です。日本は人口減少と同時に、超高齢化が進行しているからです。社会からリタイアする人が増え続ける一方で、それを支える現役層が少なくなっている。現在の日本のような超高齢化に直面していた社会は、人類史上ありましたか。また、超高齢化を迎えた日本が社会を維持するためにはどうすればよいのでしょうか。

ダイアモンド　日本のように平均余命が長い社会は人類史上ありませんでした。これは歴史的にユニークな発展です。また、高齢化を活用するのは、とても簡単なことです。高齢者が非常に優れていることもあれば、その逆もあります。もし一キロメートルを三分二〇秒で走って欲しかったり、四〇〇キロの荷物を持ち上げたりできる従業員が必要であれば、高齢者を雇っていては駄目です。

一方、経営や管理の経験が豊富で、アドバイスをするのに長《た》けている従業員がほしければ、若者ではなく高齢者を雇ったらいいのです。そうした高齢者は、すでに人生の目的をある程度達成していることが多いため、人を踏みにじる野心によって問題を起こすことは少ないと思います。若者にはエネルギーがあるものの、まだ人生の目標を達成していないため、自我が強い。

日本の超高齢社会において重要なことは、すでに多数存在する高齢者を活用することです。日本には、六〇歳や六五歳になれば会社を辞めなければならない定年制がありますね。

――そうです。能力のいかんにかかわらず、一定の年齢に達すると退職しなければなりません。

ダイアモンド それは間違いなくひどいことです。先ほど述べたように、もし私が金正恩で日本を破滅させたかったら、定年退職制を維持させたいと思うでしょう。アメリカでもかつては定年退職制がありましたが、雇用における年齢差別禁止法（ADEA）が制定された一九六〇年代に廃止されました。

私はあと数カ月で八一歳（取材時）の誕生日を迎えますが、幸運にも退職しなくてもいい。大学（UCLA：カリフォルニア大学ロサンゼルス校）でまだ教鞭を執っています。私は経験が豊富で、自我が教えることの妨げにならないため、教授としての評価は高いですよ。
日本は世界で最も高齢者が多い国です。定年退職制という馬鹿げた制度を続けるのではなく、働き続けたいと思う高齢者の雇用機会を確保し、彼らを最大限に活用する方法を見つけるべきです。肉体労働で高齢者を雇うのではなく、管理者やアドバイザー、監督など、自我が仕事の妨げにならないところで高齢者の能力を活かせばいいのです。

——アメリカの大学では、生徒からの評価が高い限り、退職する時期を自分で選ぶことができるのでしょうか。

ダイアモンド　一般的にいえば、退職の時期を自分で選ぶことができます。学生からの評価については、もしある教授がずっと大学で働きたくても、学生からの評価があまりにも低い場合、大学はその教授を退職させる手続きを進めることができます。ただ、それは非常に稀《まれ》です。UCLAには四〇〇〇人以上の教授陣がいますが、講義の方法が学生にとって不評で退職に追い込まれたケースは、この一五年で二つしか耳にしたことがありません。
私の大学にまだ定年退職制があった二〇年ほど前、多くの人は七〇代、八〇代、九〇代まで教え続けられるかどうか懸念していました。ところが実際は、ほとんどの教員が六五歳や七〇歳で退職を選んだのです。したがって大学は、研究に長けていなかったり講義の仕方が悪かったりする人を退職に追いやる必要がなかった。

とはいえ、七〇代や八〇代の中にも、まだ活発でクリエイティブな人がいます。UCLAの医学部には私の親友が二人いますが、一人は八〇歳で、もう一人は八七歳。彼らはまだ医師として溌剌《はつらつ》として働いています。私の父は医者で、九七歳で亡くなりましたが、最後の患者を診たのは九三歳のときでした。アメリカでは、定年退職制を廃止したことが問題にならなかったわけです。

ニューギニアの老人には「孤独」が存在しない

――ご著書『昨日までの世界』には、「伝統的社会」の例が多く出てきます。伝統的社会においては、高齢者に対してどのような対応が見られるのでしょうか。

ダイアモンド　社会によって千差万別といえますね。なかには、われわれからみて「ひどい」と思うような習慣もあります。たとえばある遊牧民の社会では、移動の際に赤ちゃんと物資を優先的に運ばなければならないので、もし歩けない高齢者がいれば、捨てていくか、殺すしかありません。それは決して冷酷な行動ではなく、代替手段がないからです。

一方、ニューギニアのような定住型伝統的社会では、友人や親戚、子どもたちに囲まれて人生を全うします。老人ホームのように、高齢者を隔離する施設もありません。多くのアメリカ人高齢者が友人や子どもから離れ、孤独な最期を迎えることを考えると、ニューギニアのような定住型伝統的社会の高齢者の方が満足した生活を送っているのかもしれません。

そもそもニューギニアには「孤独」という状況がありません。私はよく現地でバードウォッチングをしますが、つねにニューギニア人としゃべっています。携帯電話や電子メールに煩《わずら》わされることもなく、絶えず誰かと接している状態が続きます。今アメリカで問題になっているのは、子どもも親も移動が多く、お互いに離れてしまうという状況です。運がよくて週に一度、場合によっては年に一度しか親子で話せない人も多い。このような問題はニューギニアでは起きません。

――『昨日までの世界』にはアメリカに移住したニューギニア人が登場しますが、彼女がそこで気に入ったのは匿名性だと言っていますね。座って誰にも邪魔されずゆっくり新聞を読むことができる、と。

ダイアモンド　それは「孤独」というコインの裏面の部分ですね。当然、アメリカ社会を一方的に非難するのもよくない。特徴の一つが匿名性です。誰にも知られないで物事ができる。その人は一人でカフェに行き、誰にも邪魔されずにコーヒーを味わい、新聞を読むことができることを楽しんでいます。ニューギニアでは誰かがいい仕事に就くと、友人や親戚にその仕事を分けるように絶えずせがまれます。そう考えれば、アメリカでの孤独にも長所があるのです。

それでも私が強調したいのは、本やカメラや電子機器、アクセサリーや時計などモノに溢れ、テクノロジーもはるかに進んでいる先進国でも、高齢者は伝統的社会に比べてはるかにみじめであることが多い、というパラドックスです。この事実が指し示すことは何か。あらためて考えてみる必要があるのではないでしょうか。

ノーベル賞受賞者がアメリカで圧倒的に多い理由
——多様性の利点とリスク

——ダイアモンド教授は、十五〜十九世紀にかけて中国が欧州と伍《ご》せなかったのは「統一の弱み」が現れたからだ、と述べられています（二〇一七年一一月二八日付「日経新聞」）。中国の皇帝は対外進出に消極的になる一方、欧州では多額の出費を厭《いと》わない多様な国王が存在し、コロンブスの新大陸発見などに結び付いた、と。将来が不透明な現代においても、多様性をもつことはリスクを分散させる一つの解になると考えてよいでしょうか。

ダイアモンド　そのとおりです。多様性について二つの点から説明しましょう。

一つめは、政治的多様性です。この多様性は日本よりアメリカの方が有しています。アメリカは連邦制度で、日本と同じように中央政府が存在しますが、独自の権限をもつ五〇の州から構成されています。その五〇州は政府が行う政策の五〇通りの実験場といってもいい。

たとえば数年前、教育への投資額を増やした州もある中、カンザス州で二〇一一年から二〇一八年の一月まで州知事を務めたサム・ブラウンバックは減税政策を推進し、州の教育費も減らしました。ところが、数年後に教育費減額の弊害が露呈し、他の州は多様性から学ぶことができたのです。五〇の異なる州がそれぞれの実験を行えることは、政治的多様性のアドバンテージです。

二つめは、人間の多様性です。これは日米において両極端であり、功罪の両面を指摘できます。日本は民主国家の大国の中で、おそらく世界で最も人種的に均一な国でしょう。

そのため、人間の多様性は低いことになりますが、一方で異なるグループ間の対立は起きにくい。他方、人間の多様性も高いアメリカでは、日本では見られない異なるグループ間の対立が頻発します。しかしその一方で、異なるグループの存在は文化の多様性につながり、文化的なクリエイティビティを生みやすい利点があります。アメリカのアートが発達しているのもそのためです。

加えていえば、人間の多様性は、移民問題にも関係しています。移民についても、日本とアメリカは正反対の状況にあります。日本は最小限の移民しか受け入れていませんが、アメリカは主要な国の中ではおそらく最も移民が多い国です。

アメリカでは、国民は二種類のグループに分かれると考えます。一つはエネルギーに溢れた、積極的にリスクをとりたがる人たち。もう一つは、これまでやってきたことを続けたがる野心のない人たちです。
移民はまさに、前者のリスクをとる人たちの象徴といえます。リスクを恐れる人は移住しません。アメリカは移民が入ってくるおかげで、最も野心をもった「他国民」を得ているのです。

――よく言われるように、移民こそアメリカという国家の活力の源泉であるということですね。

ダイアモンド　その結果が、ノーベル賞の受賞者数でアメリカが世界を断トツにリードしていることに表れています。アメリカのノーベル賞受賞者は、人口比と不釣り合いなほどに移民が多い。彼らは科学的クリエイティビティが突出しているのです。
ところが日本は、人口比や科学研究・開発の投資比でいうと、スイスやフランス、スウェーデンよりもノーベル賞受賞者の数が少ない。日本で期待するほどイノベイティブ（革新的）な結果が出てこないのは、移民への消極性と関係があるように思います。

――多様性が欠如していることは、日本の将来にとって弊害になるということですか？

ダイアモンド　いくつかの点で弊害になりますが、アドバンテージになる点もあります。先ほど述べたように、日本が文化的に均一であることは異なるグループ間の対立を緩和させる一方、科学的イノベーションは減少するということです。

――安倍政権は高齢者の活用に加え、「女性労働力の活用」も推進しており、女性活用が日本企業に多様性をもたらすことも期待されています。日本のような社会において女性が活躍するためには、どのような取り組みが必要なのでしょうか。伝統的社会においては、女性はどのような役割を担ってきたのでしょうか。

ダイアモンド　日本のみならず、アメリカやヨーロッパ、オーストラリアでも、女性はさまざまな問題に直面しています。私の印象では、日本における女性の役割はアメリカ、ヨーロッパ、オーストラリア社会と比べるとかなり限られているようにみえます。多くの日本人の男性が「男女の平等」を受け入れないことが問題ですね。まずその意識を変えることが重要ではないでしょうか。伝統的社会でも女性の役割は「社会によって千差万別」ですが、それでも今の日本は女性の役割をもっと広げる必要があると思います。

格差がもたらす三つの新たな脅威とは

――AI（人工知能）の開発が人類に与える影響は甚大です。AI技術がますます進歩すると、勤労の概念や経済、民主主義のあり方も変わっていく可能性があります。未曾有《みぞう》の技術発展により、いっそう格差が広がっていくと思いますか？

ダイアモンド　私が専門外のＡＩについて話すことは適切ではありません。私がＡＩについて答えているのを息子たちが聞いたら、腹を抱えて笑うでしょう。「父はＡＩのことなんて何も知らないから聞かないで」と。

でも、格差についてなら話せます。格差は今世界で起きている最大の問題の一つです。

国家間の格差でいうと、裕福な国より貧しい国の方が病人を多く抱えている現実があります。貧しい国は公衆衛生に投資することができないからです。最近では、エボラ出血熱やマールブルグ出血熱がアフリカで流行しましたし、一九八〇年代に出現したエイズのような新しい感染症が今後出てくるかもしれません。

現代のグローバル社会では人々が世界中を行き来するので、貧しい国で出現した病気が裕福な国にも広がります。実際、エボラ出血熱やコレラ、エイズはアメリカにも伝染しました。このように、感染症のリスクが、格差によって世界にもたらされる問題の一つです。

二つめの問題はテロリズムです。国家間の格差が広がると、貧しい国の人々が、アメリカや日本、欧州など先進国の贅沢なライフスタイルに憤《いきどお》りを感じます。アメリカや日本にもテロリストがいますが、彼らが国民の多数から支持されることはありません。日米の国民のほとんどは、世界基準でいうと比較的満足のいく生活を送っているからです。

ところが、フラストレーションがたまった貧しい国にテロリストが出てくると、彼らは多くの支持を得ることがあります。だからテロリストは裕福な国から貧しい国に移動するのではなく、貧しい国から裕福な国に移動する傾向があります。

格差の三つめの問題は、他国への移住が止められないことです。貧しい国で政府が生活水準を向上させようと政策に取り組んでいても、多くの国民は政策が功を奏するかどうかを見極めるために五〇年も待ちたいとは思いません。待ち続けた頃には人生が終わってしまいます。人々は今このとき、高い生活水準を楽しみたいと考えるものです。その唯一の解決法は、貧しい国から裕福な国に移住することです。

アメリカでは移住を止めることができないことが判明しています。トランプ大統領であっても、国境を完全に閉鎖することはできません。島国である日本は、これまで国境を閉鎖することはアメリカよりも簡単でしたが、時間が経つにつれ、今後ますます難しくなるでしょう。

AIの発達が原因であろうと、ほかのことが原因であろうと、生じる格差は大きな問題をいくつも引き起こします。そのなかでも、とりわけ感染症の拡大、テロリズムの波及、止められない移住の問題が大きいということです。

――格差は今後、より広がっていくでしょうか。

ダイアモンド　それは不確かです。格差がさらに広がるかどうかは、日米のような裕福な国の政策にかなり左右されます。先進国が発展途上国に行う対外援助にも影響されるでしょう。

貧しい国の状況が変わらない、もしくはより悪化すれば、格差は拡大すると思います。新興感染症やテロリズム、移住の問題がさらに出てきます。先進国が対外援助を行い、貧しい国が裕福になるように聡明な政策を実行すれば、格差は広がらず減少するでしょう。

――つまり、先進国は格差問題を重く受け止める必要があるということですか。

ダイアモンド　もちろんです。日本ではどう思われているかわかりませんが、アメリカで対外援助は慈善事業だと見なされています。アメリカ人が対外援助をするのは自分たちが高貴で素晴らしい国民で、利他的であるからだと思われているということです。しかし実際、アメリカが貧しい国に対外援助をするのは利己的な理由からです。新興感染症やテロリズム、移住を減少させる面において、自分たちのためでもあるのです。

――対外援助は「mutually beneficial（お互いにプラスになる）」ということですね。

ダイアモンド　そのとおりです。mutually beneficialという言葉がぴったり当てはまります。アメリカが貧しい国に行う対外援助が両国にとってプラスになるように、日本が行う対外援助もお互いにとってプラスになるのです。

伝統的社会から学んだこと

――ここからは、ダイアモンドさんのライフワークであるニューギニア研究、具体的には伝統的社会について、さらに詳しく伺っていきたいと思います。そもそも伝統的社会とはどのような社会を指すのでしょうか。

ダイアモンド　伝統的社会とは、数十人から数千人の小集団で構成される、人口が疎密《そみつ》な社会です。そこでは、西洋化された工業化社会との接触による変化が限定的にしか表れていません。人類の歴史上、つい最近まで、すべての社会はこのような小規模の伝統的社会でした。それが多くの変化を経て、何千もの「実験」の結果、さまざまな社会が形成されました。著書『昨日までの世界』では、世界中の大陸にある三九の社会について検証していますが、多様な社会をテーマに、「戦争」「子育て」「老い」といった人間の根本的な問題にも言及しています。読者にとっては、自分たちとは異なる社会から多くの教訓を学ぶことができるでしょう。

――このような伝統的社会に関心を持ち始めたのはいつ頃ですか。何か契機はあったのでしょうか。

ダイアモンド　まだ独身であった二十代半ば、私は非常に冒険心が旺盛で、ペルーへの旅行を友人と計画しました。しかしアマゾン川地域に行ってみると、鳥を観察したり、原住民と暮らしたりする以外にやることがありませんでした。そこで「もっと大胆なことをしたい」と考え、冒険心をくすぐる秘境・ニューギニアへの旅行を計画しました。一九六四年に鳥の研究のためにニューギニアの地を踏んだのですが、その際、現地に住んでいる原住民のことを気に入り、彼らが使う言語にも関心をもつようになったのです。それ以来ずっと、アメリカとニューギニアを往復しています。

――何度も行き来を繰り返すあいだに、とくにダイアモンドさんの人生に影響したことはありますか。

ダイアモンド　たくさんありますが、とくに大きいのは子育ての方法ですね。私の妻もかなり影響を受けています。ほかには危険に対する対処の仕方、高齢者に対する考え方や健康維持についても深く考えさせられました。

ある日、私はニューギニアでポーター（荷物運び）を探していたのですが、一〇歳の少年が自らポーターをすると申し出てきました。彼は親が近くにいなかったので、親の許可なしに私と一カ月ほど一緒に過ごしたのですが、遠くから戻ってきた親には近所の人が、「あなたの息子は見知らぬ白人としばらくどこかに行った」と伝えるだけだったそうです。それでも親は息子の身をほとんど心配することはなかった。ニューギニアの子どもは自立していて、自信をもって自分で決断するのです。その子育ての様子から、私たちは多くのことを学びました。

多様な伝統的社会を比較すれば、巨視的な真実が得られる

——子育てといえば、ダイアモンドさんはかつて『サイエンス』誌に掲載された記事の中で、「バイリンガルの子どもはアルツハイマー病になる確率が低い」という研究結果に言及されましたね。子どもをバイリンガルに育てることはこれほどまでに有効なのでしょうか。

ダイアモンド　ええ。バイリンガルがアルツハイマー病発症の予防になるのは、絶えず脳を使うからです。モノリンガル（単一言語使用者）の人は、バイリンガルの人ほど脳を使いませんから。最近、カナダのトロントで行われた研究で、バイリンガルの人はアルツハイマー病の予防効果が五年分ほどあるということがわかりました。もっとも、私は一三カ国語ができますが、だからといって、六五年分の予防効果があるかどうかはわかりませんが（笑）。

——一方、私が最近インタビューした日系アメリカ人作家は、母親が日本人ですが、家で自分に日本語をいっさい使わなかったと話していました。

ダイアモンド　よく「正しい教育方法は何か」という議論が巻き起こりますが、家庭によって教育方針はさまざまです。その母親の姿勢は普通だと思いますよ。現に私の祖父母や妻の両親も、移民の第一世代としてアメリカにやってきましたが、母語であるイディッシュ語やポーランド語を、意識的に自分の子どもの前では話さないようにしていました。

今アメリカでは、お仕置きとして子どものお尻を叩くべきか、という議論があります。もし答えを知りたければ、たとえばアメリカの二五州に体罰を義務付け、残りの二五州では完全禁止にして、三〇年後に「どちらの州の子どもの方が自信に満ちているかどうか」「創造的かどうか」といった実験をすればいい。残念ながら現実問題として実験はできません。ところが何千年もそれを実行している、あるいは実行していない伝統的社会の例を見れば、ある程度の答えを見出すことはできるのです。

――ちなみに、お尻を叩くことについてはどういう結果が出ているのでしょうか。

ダイアモンド　お尻を叩かない社会では、子どもの自信が高くなっています。一方、たとえば遊牧社会では子どもが間違いを犯して牛たちがみんなゲートから逃げてしまえば、それは一家全員の死活問題になります。そういう社会ではお尻を叩くといった強い罰を与えなければならない。社会によってケースバイケースです。

――伝統的社会の知見は、われわれにとっても非常にためになりそうですね。

ダイアモンド　すべての人間は子育てなどの根本的な問題に直面しますので、彼らの方法を観察することで、多くのことを学べます。私がニューギニアの子育てを友人に教えたら、今までのやり方を変えた人もいます。日本人も当然学ぶことは多いはずですよ。

ヒラリー・クリントンが書いた『*It Takes a Village*』というタイトルの本があります（邦訳版は『村中みんなで』あすなろ書房）。これは〝It takes a village to raise a child.（子育ては村中でするもの）〟という慣用句がもとになっています。

ニューギニアでは、住んでいるすべての大人が親代わりとしての役割を果たしています。知人のアメリカ人宣教師は家族でニューギニアに住んでいましたが、現地では夕方になると、子どもたちがたまたま遊んでいた家のところで、食事をするのが日常茶飯事でした。しかしアメリカに戻ってみると、そのような光景はもはや見られなかった。あまりにも大きな違いに子どもたちはショックを受けたそうです。

戦争で死ぬリスクより、風呂場で死ぬリスクに注目せよ

――日本でも昔は近所の人たちが親代わりになっていたところがありますが、今ではその文化は失われつつあります。どうして伝統的社会の習慣は欧米の現代社会になじまなかったのでしょうか。

ダイアモンド　ニューギニアに存在する社会は規模が小さく、人口も数十人から数百人なので、お互いに知らない人はいません。誰もが知り合いなので、それぞれが家族以外の人の責任も共有するのです。

裏返せば、ニューギニアでは「見知らぬ人は危険だ」とみなされます。たとえばジャングルで見知らぬ人と出くわした場合、まずは相手が誰であるかを見極めるため、警戒しつつ二～三時間ほど話し合います。そこで共通の親戚があれば、その時点で〝他人〟ではなくなる

ため、警戒を解きます。一方で共通の親戚が見つからなければ、お互いに殺し合おうとするか、逃げることになるのです。

――そのような「危険」に出くわした場合の対応も、先進国とニューギニアではまったく違うのでしょうね。

ダイアモンド　アメリカでは足を折ると病院で医師に診てもらいますが、ニューギニアでは死ぬまで不自由なままになります。助けてくれる医師や警察がいないからです。そのためニューギニア人は、当初は私の目からは、「異常に慎重な人たち」に見えました。でもそれは異常ではなく、適切な行動だったのです。日常に起こる、一見何でもないようなことに対しても、彼らはわれわれよりずっと慎重にならざるをえない。たんなるパラノイア（偏執病。妄想性パーソナリティ障害の一種）ではなく、〝constructive paranoia（建設的なパラノイア）〟というべきですね。

カリフォルニア州で新聞の死亡欄をみると、事故死の原因としてシャワー室での転倒がよく出ています。めったに起こらないことでも、何回も繰り返すと起こる確率は高くなる。ですから、私はシャワーを浴びるときに注意するようになりました。〝建設的なパラノイア〟とはパラノイアになるほど慎重でいることですが、それくらい慎重にならないと、めったに起こらない災難に遭遇してしまう可能性もあるのです。

アメリカ人は「危険」というと、テロリストや飛行機墜落のことで頭がいっぱいになりがちですが、それは間違っています。むしろ日ごろの行動に慎重にならなければなりません。

「グローバルな崩壊」の淵で

――グローバル経済が発展する世の中をどのようにご覧になっているでしょうか。われわれがビジネスを行ううえで、伝統的社会の「交易」から学ぶべき教訓とはどのようなものでしょうか。

ダイアモンド　世界経済がますますグローバル化する中で、最近の人類は歴史上初めて、「グローバルな崩壊」を経験する可能性が出てきました。今日では各国の経済が相互につながっているので、一つの国家の経済が崩壊すると、ほかの国の経済に甚大な影響を与えることなります。歴史上、社会は一つひとつ崩壊していきましたが、お互いに影響しないことが多かった。イースター島の社会が崩壊したとき、世界の誰もその事実を知りませんでした。今では、たとえばソマリアやアフガニスタンが事実上崩壊すれば、それはほかの大陸の国にも多大な影響を及ぼします。それほど各国は政治的・経済的に密接に絡み合っているのです。

――ダイアモンドさんは『文明崩壊』（上下巻・草思社）で、文明が崩壊する要因の一つとして「紛争」を挙げています。紛争解決について、われわれは伝統的社会からどのようなことを学ぶべきでしょうか。

ダイアモンド　伝統的社会で、たとえば自分が飼っている豚が行方不明になったとします。その豚をもっている人が見つかったら、まず使者を送り、話し合いがなされます。伝統的社会では死ぬまでその人を相手にしなければならないため、完全な「敵」にしないように対処するという知恵が働くのです。そこで、とりあえず感情面をクリアにすることが最優先となります。これは伝統的社会の紛争解決の素晴らしい側面だと思います。一方、アメリカで交通事故が起きると、まず弁護士と保険会社に相談します。他人である相手と会うことはありません。相手に嫌われるかどうかはどうでもいいのです。

——感情面からいうと、西欧的なやり方はよくないのでしょうか。

ダイアモンド　アメリカで離婚や相続争いを経験した人は、間違いなく弁護士を使っています。離婚後、二人の関係はかなり悪化していますし、相続争いのあと兄弟姉妹は死ぬまで口を利かないこともよくあります。

対して、警察や裁判制度が十分に整備されていない伝統的社会では、もし交渉が決裂した場合、バイオレント（暴力的）になるしかありません。統治国家がある社会に比べ、紛争に巻き込まれ、バイオレントな死に方をする可能性が圧倒的に高い。だから、たとえトラブルの相手であっても、完全な「敵」にしてはならないのです。

交通事故が起きた場合も同様です。カリフォルニア州の人々は裁判好きなので、事故が起きればほぼ必ず賠償金をめぐる民事訴訟になります。そこでは善悪が判断されますが、当事者同士は死ぬまで恨みが消えません。一方、誰もがお互いを知っている伝統的社会では、両者の納得感を最優先します。もし、話し合いが決裂した場合、被害者の遺族が運転手を殺そうとしたり、その親戚を襲撃し、最悪の場合、報復が報復を呼び、紛争が何十年と続いたりすることもありえます。納得感を優先させることは、それを避けるための知恵なのです。

伝統的社会から学ぶべきことはたくさんありますが、一方的に美化すべきではないし、逆に野蛮だと非難すべきでもないでしょう。

持続可能な経済はつくれるか

――経済、文化、環境面を考えたときに、五〇年後、一〇〇年後の世界はどのような姿になっているでしょうか。最後に、ダイアモンドさんが描く「明日以降の世界」を教えてください。

ダイアモンド　われわれが今問われていることは、「持続可能な経済をつくれるか」「世界中の生活水準が一定のレベルで平等を達成できるか」ということだと思います。先にも述べたように、われわれは環境を破壊し、資源を消費し尽くそうとしています。また、各国で消費量には格差があり、これを放置するかぎり、世界は不安定なままです。

これからの三〇年でこの難題に対する答えを出すことができるか。もし成功しなければ、五〇年後、一〇〇年後の世界は「住む価値がない」ものになっているといっても過言ではないでしょう。

Chapter 2

近い将来、「役立たず階級」が大量発生する

〝有機体の生命は、無機体の生命に置き換わるかもしれません。この世の春を謳歌したものは、必ず滅びます。ひょっとしたら、四〇億年の有機体生命の時代が、まもなく終わるのかもしれません。〟（九八ページより）

Yuval Noah Harari

ユヴァル・ノア・ハラリ

ヘブライ大学歴史学部終身雇用教授

1976年生まれ。ヘブライ大学歴史学部終身雇用教授。ヘブライ大学で軍事史と地中海史を学んだのち、オックスフォード大学のジーザス・カレッジへ。世界的ベストセラーとなった『サピエンス全史』(上下巻、河出書房新社)は2011年にヘブライ語で出版され、その後2014年に英語版で出版されたのち、多くの著名人から絶賛されている。最新著作は『*HOMO DEUS:A Brief History of Tomorrow*』(邦訳版は2018年9月に河出書房新社より刊行予定)。

写真：野村高文

イスラエルの若き歴史学者、ユヴァル・ノア・ハラリ氏は、世界的ベストセラーであり、四八カ国で翻訳された『サピエンス全史　文明の構造と人類の幸福』（上下巻、河出書房新社）の著者として知られる人物である。

ハラリ氏はオックスフォード大学で中世史、軍事史を研究し、現在はイスラエル・エルサレムにあるヘブライ大学歴史学部で終身雇用教授として教鞭をとっている。

前述書は、ジャレド・ダイアモンド氏が「歴史と現代世界の最大の問題に取り組んだ書」であると絶賛し、オバマ元米大統領や、マイクロソフト創業者のビル・ゲイツなど、世界的著名人がこぞって賞賛したことでも話題を呼んだ。

＊　＊　＊

歴史書を大別すると、二種類しかない。つまりそれは、歴史の見方が大きく分けて二種類あるとも言える。

一つは年代別・地域別あるいは戦争や革命など、歴史の事象ごとに精細に分析・検証する手法である。もう一つは、長期的視点から歴史を大局的にみる手法だ。ユヴァル・ノア・ハラリ氏は後者に属する。

二〇万年前に出現した、現生人類に繋がるホモ・サピエンスは、なぜ他の人類種と異なり、生き延びて文明を築いたのか。その壮大な人類史を検証するには、一つの分野の視座からでは不可能だ。ゆえに、ハラリ氏は横断的方法をとった。

＊　＊　＊

ハラリ氏は「現実は一つである」と言うが、その現実は人間が便宜上恣意的に異なる分野に分けただけであって、本当に何が起きているのかということを知るためには歴史学のみならず政治学、経済学、生物学、心理学、哲学などすべての分野について横断的な知見がなければならない。

そのアプローチを使って、「認知革命」「農業革命」「科学革命」という三つの重要な革命を軸に謎を解き明かしたものが、前述の『サピエンス全史』である。筆者はこの一九七六年生まれの俊英と対話すべく、エルサレムにある彼の自宅へと赴《おもむ》いた。

今世界で最も注目される歴史学者が、未来の人類はどのような現実に直面するのか、そして世界の見方が変わる未来予測について、披露してくれる。

――世界中でベストセラーとなったご著書『サピエンス全史 文明の構造と人類の幸福』では、お金や国家、法人、人権といった「虚構」を信じる能力が、ホモ・サピエンスを今日の地位にまで押し上げたと指摘されています。われわれにとってお金や国家は当たり前の存在ですが、これらが「虚構」と気づいたとき、世界を見る目はどのように変わると思いますか。

ハラリ 「虚構」といっても決して悪いものではありません。企業やお金といった虚構なくして、われわれの社会は存在できませんから。

企業は、社員が正しいと信じる共通のストーリーがあってこそ存続します。お金は、多くの人が同じ価値を信じているからこそ成り立ちます。これらが虚構であると理解したからといって、われわれはこれらの価値を信じることを止められないでしょう。

たとえば、お金というものには客観的価値は何もありません。お金の価値は、多くの人がドルや円について同じストーリーを信じているという事実から出てくるのです。ほとんどの経済学者はそのことをわかっています。

私は決して「これらは虚構だ。信じるのをやめようではないか」と言っているのではありません。もし信じることをやめれば、経済システム全体が崩壊します。そして他人同士はお互いに協力できなくなります。しかし、注意しなければならないのは、われわれは虚構の奴隷になるのではなく、虚構がわれわれのために機能するようにしなければならない、ということです。

人間は長い時間の中で、目の前にあるものが現実なのか、それとも誰かが作ったストーリーなのか、区別する能力を失いました。結果、多くの人が、国家や会社や神という想像上のものに自分を捧げて戦争に行き、何百万人という人を殺戮《さつりく》したのです。

こうした事態を回避するためには、まずは目の前にあるものが、現実か虚構なのかを区別し、その上で利用する方法を考えることです。

虚構の奴隷になるな、虚構を利用して利益を上げよ

ではどうしたら両者を区別できるのでしょうか。方法はいくつかありますが、ベストな方法は、「対象とするものが、苦痛を味わうだろうか」と考えることです。

苦痛はこの世でもっともリアルなものです。しかし国は苦痛を感じません。自分の国が戦

争に負けても、苦痛を感じるのは国ではなくそこに暮らす人々です。企業も苦痛を感じません。自社が大金を失っても、焦るのは自社ではなく、そこにいる経営者や社員です。

国が戦争に負けて苦痛を感じるというのは、単にメタファーに過ぎません。国には気持ちがありませんから、苦痛を感じることもないし、鬱《うつ》になることもない。われわれの想像の中で苦痛を感じるだけのことです。銀行や企業にしても同じです。たとえば、トヨタが大金を失っても、「トヨタ」という存在自体は苦痛を感じません。それは、われわれが作り出した法的な虚構です。

そう考えると、われわれ自身が作り出した虚構によって、われわれが苦痛を覚えるのはバカバカしくなってきます。われわれは虚構の奴隷にならないように注意して、それらを利用して利益を上げようとすればいいのです。そう考えるだけで、少しは苦痛を減らす助けにならないでしょうか。

対照的に、人間は実際に苦痛を感じます。動物もそうです。リアルなものだからです。

――なぜ人間だけが、こうした虚構を信じるようになったのですか。

ハラリ　それは非常に難しい質問です。もちろん人間以外の他の動物が虚構を信じず、お金や企業が人間特有のものであることは明らかですが、現時点では、その理由は判明していません。

なぜかと言えば、われわれ人間は、自分たちの脳や精神の構造すら、理解していないからです。目の前にあるテーブルや、インタビューをしているあなたのことを、私の脳がどう理解するのかということはわかります。しかし、架空の存在や概念を把握することには謎が多いのです。

宗教と対比して、科学だからこそ言えるのは、「わからないものはわからない。だから研究を続ける」ということです。科学の世界では、無知を隠すために何かしらのストーリーを捏造《ねつぞう》する必要はありません。実はこの態度は、中世と近代を分ける一番の違いであり、だからこそ近代になって科学技術が発展したのです。

ストーリーを守るために、戦争が生まれる

――多くの人が人権のために血を流し、国家に殺され、お金や法人（会社）に起因する悩

みによって自殺します。いわば虚構によって現実の生命が消されているわけですが、これについてどう思われますか。

ハラリ　先にも述べましたが、われわれはこの世にリアルに起きていることと、想像の中で作り出したストーリーを区別する能力を失いつつあります。

多くの人にとって、ストーリーの重要性が増しているのです。神に関するストーリーがあり、国家に関するストーリーがあり、人権に関するストーリーがあり……そういうストーリーに心惹《ひ》かれてしまう。そういうストーリーは、自分のアイデンティティや人生の意味につながっています。そのストーリーに反するものがあれば、それが何であってもストーリーを守るために行動する。かなりの苦痛を生じさせてまでも、戦争に行く人たちがいるのは、そういうことです。これは大問題だと思います。

今、コンピュータや携帯電話など新しい技術が進歩したことで、現実と虚構の区別をつけるのがさらに難しくなっています。というのも、人間の仕事や生活がサイバースペース上で行われることが増えているからです。

スマートフォンやパソコンで、メールを頻繁にチェックし、ほかの場所や過去に起きたことを夢中で検索すればするほど、匂いをかいだり、味を確かめたり、実際に起きていることを聞いたり見たりする能力は失われます。自分の体への接触、今ここで起きていることの目前のリアリティへの接触を失いつつあります。

経済の面からみると、これはいいことかもしれません。上司は絶えずあなたにメールをチェックしてほしいでしょうし、スマートフォンでいつでも電話にも出てほしいからです。でも「心の平和」のためには問題があります。自分自身の身体や五感が、目前の現実との接触を失えば、自分で人生をコントロールできなくなり、幸せを失うからです。

人類はパワーを幸福に転換できていない

――日本では毎年少なくとも三万人の自殺者が出ており、実際は十万人とも言われています。日本は他の国よりも安全な社会であり、本来、日本人はもっと幸せであってもいいように思います。『サピエンス全史』ではまさに「人間は豊かになった、しかし幸せとは限らない」と書かれています。その理由を詳しくお聞かせください。

ハラリ　こうした状況は日本のみならず、韓国など東アジアの国も同じですし、アメリカなどでも見られます。他の先進国でも、自殺者の増加は社会問題になっています。たとえばイスラエルといえば、戦争やテロリズムのニュースを絶えず耳にしますが、公式統計では、戦争やテロリズムで死んだ人と犯罪で亡くなった人の数を合わせた数値よりも、自殺者の人数の方が多いのです。その数は毎年増えています。

また、おっしゃるように、数字に表れない自殺者の数は、それよりはるかに多いかもしれません。自殺の場合でも、感情的、あるいは法的な理由から、それが自殺であったとは報告しないで、事故やほかの原因による死であると報告することもあるからです。保険金をもらいたい、という事情もあるでしょう。自殺の場合、保険が出ない場合もありますから。そうした可能性を考慮してもなお、公式の統計では、平均的なイスラエル人は、テロリストや兵隊や犯罪によって殺される確率よりも自殺する確率の方が高いということです。ですから、日本特有の問題ではありません。こうしたことは現代世界のあちこちで起きています。

以前よりも裕福になれば、以前よりも生活環境がよくなれば、以前よりも食料が多ければ、過去に経験した悩みはなくなるはずです。生活への満足度も上がることでしょう。

でも実際はそうではありません。自殺だけではなく、鬱や不安障害などさまざまな精神疾患の割合も実際には上昇しています。

一つの理由は、人間の幸福が、「どれだけ食料があるか」「どれだけお金をもっているか」といった客観的な指標を根拠にしていないことです。

幸福は、「期待」によって左右されます。何かを期待し、その期待が満たされると、幸福になります。一方、期待が満たされないと、不幸を感じます。

しかし、生活状況がよくなれば、期待も上がっていきます。心理学の分野では、人間は達成感や楽しいことを経験しているときに、「満足」ではなく、「もっと欲しい」と感じることがわかっています。おいしいものを食べると、もっと欲しくなるのが、普通の反応です。「もっと欲しい」という反応を示している限り、満足することはありません。個人のレベルでもそうですが、私は集団のレベルでもそうなっていると思います。

人類は今、石器時代の何千倍ものパワーを手に入れました。しかし、何千倍も幸福になっているとは思えません。われわれはパワーを獲得することには長《た》けていますが、パワーを幸福に転換する方法はわかっていません。『サピエンス全史』の中で私が指摘したかったのは、まさにこの問題なのです。

テクノロジーの進展によって民主主義は凋落する

——次に民主主義について聞きます。あなたの言葉を借りれば、民主主義も一つの「虚構」ですが、人類はこの制度によって一定程度の社会の安定を手に入れました。一方、ブレグジット（イギリスのEU離脱）やアメリカでのドナルド・トランプ大統領誕生など予想だにしない出来事が起き、多くの論者が民主主義は揺らいでいると言います。あなたは民主主義やポピュリズムについてどう考えますか。

ハラリ　民主主義は二十世紀において、もっとも成功した政治システムです。民主主義的な価値観の普及は人類に多大な利益をもたらしました。しかし、二十一世紀になり、民主主義は人類が今直面している難題を処理する能力を失いつつあるように思います。

意外に思われるかもしれませんが、その主因はテクノロジーの進展です。テクノロジーによって、経済や社会が変化するスピードが加速しているからです。今、世界で何が起きているか。それを把握するために収集し、分析しなければならない情報の量が天文学的数字に増えているのです。

あまりに多くのことが、あまりに早く、しかもあまりに同時に起きている。すると、有権者も政治家も、世界で何が起きているのか正確に把握できなくなります。情報が多すぎます。一〇年先、二〇年先、三〇年先がどうなっているのか、理解している人は誰もいません。状況が予測できないので、将来のビジョンが持てないのです。じつはこれは、人類の歴史上、初めてのことです。

以前でも、たとえば「将来、どの王様がこの国を支配するか」というようなことはわかりませんでした。ほかの国が侵略してきて、政権を奪われる可能性も常にありました。それでも、人が暮らしていく上での生活スタイルや基本的な社会のあり方においては、三〇年後にどうなっているか、ある程度わかっていました。

たとえば中世の日本では、三〇年後の天皇が誰か予測するのは難しかったかもしれませんし、モンゴルが侵攻してくることも予測不可能でした。しかし、三〇年後も、おそらくは天皇制の下、武士を中心とした男性社会が続き、平均寿命は四〇～五〇歳であることは予測できました。

でも今は、三〇年後の社会がまるっきりわからないのです。とくに労働市場についてはそうです。ＡＩ（人工知能）やロボットの出現で、今日存在するほとんどの職業は三〇年以内に消えるでしょう。そして、どういう職業がそれに取って代わるかもわかりません。二〇五〇年に、人々が生活のためにどんな仕事をしているのか、われわれには想像もつきません。

寿命も予測できません。大きく延びているかもしれないし、そうでないかもしれません。するると、年金基金や保険はもはや設計が不可能になります。今の制度は、非現実的な査定に基づいているということになります。

右派も左派も、説得力のあるビジョンを示せていない

ハラリ　世の中で何が起きているのか、将来何が起きるのかを誰も把握できなくなると、民主主義のシステムが社会を導くことが不可能になります。有権者も政治家も、何が正解なのかわからないわけですから。

テクノロジーは、民主主義とは関係なく出現します。われわれがすでに経験している好例は、インターネットです。インターネットは労働市場から政治、エンターテインメント、プライバシー、国の主権など、われわれの生活のすべてを変えました。

しかし、インターネットについての重大な決断は、いかなる政治プロセスも経ていません。私はインターネットに賛成票を投じたことは一度もないし、いかなるイスラエルの選挙でも、インターネットの是非が争点になったことはありません。これだけ人々の生活や国政に影響を与えるものが、誰も票を投じていないところで、すべて決定されているのです。

何人かのエンジニアが下した決断の結果、われわれの理解や同意なしに、インターネットは今のような形で世界中に広まりました。テクノロジーの中身は違えど、同様のことが将来的に起きるのは間違いありません。

ブレグジットやトランプ政権誕生についていえば、今起きているのは単なるポピュリズムではありません。人々は、「周囲で何が起きているか、自分は把握できていない」と気づいています。イギリスでもアメリカでも、一般の有権者たちは、自分たちはパワーを失いつつあり、自分たちの声が届かないことを理解しています。その結果が、エリート層への猛烈な反発です。

彼らの考えは正しい。世界におけるもっとも重要な変化は、彼らが下した決断の結果ではありません。有権者はますますパワーを失っています。世界を支配するルールは自分たちを無視していると彼らは感じています。実際、そのとおりです。

しかし残念ながら、有権者がトランプ氏に投票したからといって、状況は良くなりません。トランプ氏が勝っても、「政治家でさえ、世界で何が起きているか把握できない」という根本的な問題は変わらないのですから。政治家はもはや将来のビジョンを提示できないし、物事の趨勢《すうせい》をコントロールして導くことができない、ということです。

結局のところ、二十一世紀の状況に合った、適切な政治モデルがまだ存在しないのです。今の政治システムは二十世紀に形成されたもので、二十世紀の間はうまくいっていましたが、二十一世紀には合わなくなりました。しかし、まだオルタナティブ（対案）がない。ロシアのプーチン大統領のような独裁政治家でさえ、世界で何が起きているかを把握し、将来のビジョンを示すことに難しさを感じています。

二十世紀は、リベラリズム、共産主義、ファシズムなど、政治の場ではビジョンの戦いが起きていました。今日は、右派であれ左派であれ、民主主義であれ独裁主義であれ、三〇年後、四〇年後に人類がどのような状況になっているか、説得力のあるビジョンを示せている人は皆無です。政治家も有権者も置き去りにしたまま、テクノロジーだけが劇的に変化を遂げ、人々の生活や国政をも変えているのが現状です。

テクノロジーが社会を揺るがす

――民主主義が揺らいでいる現在の状況に歴史的な必然性を感じますか。

ハラリ　ええ。ある意味では、決定論的に解釈することもできます。今の変化はテクノロジーの結果であり、これまで何度も、テクノロジーは歴史を動かしてきたからです。

二十世紀の政治は、電気、無線、電車（汽車）、自動車などによって形作られました。現代社会はＡＩやバイオエンジニアリング（生物工学）によって基盤が変化しつつあります。政治システムもまた、劇的に変わらざるを得ません。社会がテクノロジーによって揺らぐことは、ある意味必然とも言えるでしょう。

しかし、「このテクノロジーは、必ずこうした社会状況をもたらす」といった、単一の決定論はありません。

象徴的な例が、朝鮮半島です。今は北朝鮮と韓国に分かれています。同じ民族、同じ言語、同じ歴史で、かつ同じような二十世紀のテクノロジーを使って国を運営しています。結果、一方は核武装する独裁国家、もう一方はインターネット網が張り巡らされたＩＴ国家です。

つまり、テクノロジーが社会を変えるのはある程度必然性があっても、それがどのように社会を変えるかは、決まっていないということです。同じことが、二十一世紀のテクノロジーにも当てはまります。

今後数十年の間に世界で起きる、三つの大きな脅威

――あなたは二〇一六年のアメリカ大統領選挙での、ドナルド・トランプ氏の勝利を予想していましたか。

ハラリ　私はアメリカ政治の専門家ではないので、特別な意見はありません。でも新聞を読むと、すべての専門家が「ヒラリー・クリントンが勝つ」と言っていたため、トランプ氏が勝ったときにはもちろん驚きました。そして、だんだんと心配になってきました。

なぜかというと、二十一世紀の問題は常にグローバルだからです。今後数十年の間に、人

類は三つの大きな脅威に直面します。核戦争のリスク、地球温暖化（気候変動）、そしてテクノロジーによる破壊です。

たとえばＡＩは既存の社会システムと経済システムを完全に破壊し、何十億人という人を労働市場から押し出して、大量の「役立たず階級」を創出する可能性があります。詳しくは後述しますが、世界中で新たな社会的・政治的問題が発生するでしょう。

こうした脅威はグローバルなレベルでしか解決できません。アメリカでさえ、地球温暖化を独自に解決することは不可能です。国境地帯に壁を造ったからといって、地球環境が改善するとでもいうのでしょうか。うまく行くことはありません。それはどの国も同じことで、地球温暖化を解決するには、多くの国の協力が不可欠です。

ブレグジット、トランプ氏の当選、ポピュリスト・リーダーの台頭がはらむ真の危険性は、こうした問題に対し、グローバルなレベルで協調する能力をむしばむことです。ナショナリズムは決して解決策にはなり得ません。

トランプ氏が気候変動の問題を無視し、テクノロジーやＡＩについてまったく話さなかったり、否定的な態度をとったりするのは、国家のレベルではこうした問題に対する答えがないことを理解しているからです。これは非常に危険なやり方です。

これらの問題はすでにリアルなものとしてわれわれの眼前に迫っています。同じような状況は二十世紀の前半にも発生しましたが、二十一世紀の方が、危険性が高い。グローバルな脅威が高まっているにもかかわらず、政治が逆方向に行っていることに、私は危機感を抱いています。国家を超えたレベルで協力し、行動しなければ、グローバルな脅威には立ち向かえません。

米中でなく、中東で戦争が起きる本当の理由——戦争と宗教とテクノロジー

——もともと、あなたの専門は軍事史です。人類の歴史は戦争によってどう発展してきたのですか。象徴的な例をいくつか挙げて説明してください。

ハラリ　一つひとつ語りだすとキリがないので、戦争に密接に関係する二つの要素に着目しましょう。それは宗教とテクノロジーです。宗教とテクノロジーは、間違いなく歴史を動かしてきました。その原動力となったのが戦争です。

たとえばキリスト教は、現在では世界でもっとも普及した宗教ですが、黎明期《れいめい》は何百もあ

る諸宗教の一つでしかなく、今日の地位を手に入れたのは偶然が重なった結果にすぎません。

ただ、普及した背景を読み解くと、「武力」の影響は無視できません。四世紀にローマ帝国の国教となったことで、帝国の政治的・軍事的サポートを獲得し、平和的に、時には武力を使って、信者を増やしていきました。

植民地支配の時代にはそれがエスカレートしました。スペイン、ポルトガル、イギリス、フランスなどのキリスト教国は、武力を使ってアメリカ大陸を植民地化しました。原住民を抑圧し、搾取し、キリスト教を無理やり受け入れさせたのです。今日、アラスカからチリまで、アメリカ大陸はほとんどがキリスト教です。これは軍事拡大が宗教や文化に対して影響を及ぼす一例です。

世界で二番目に普及しているイスラム教についても、同じことが言えます。他の多くの宗教が普及に失敗しているのに、このような特定の宗教がうまくいった歴史をみると、リーダーやムーブメントの宗教的なメッセージだけではなく、政治や戦争による影響があったことがうかがえます。特に、国家宗教になることで、国からのサポートを獲得できたことは大きいでしょう。

テクノロジーもそうです。二十世紀の二つの世界大戦、そして冷戦が、テクノロジーの飛躍的な進展に貢献したのは明らかです。第二次世界大戦の際には、日本とドイツ、アメリカ、イギリス、ロシアが莫大な額を軍拡競争に投資しました。

平和時にはテクノロジーへの投資は限られますが、戦時には、ありとあらゆる投資が行われます。そのため、飛行機や無線技術、核兵器など、大量のテクノロジーが短期間で開発されます。それらはのちに、軍事用から民生用に転用されます。われわれが今日使っているテクノロジーのほとんどは、二つの世界大戦と冷戦から大きな後押しを受けています。

どんな大戦より、ジャガイモの普及が歴史の流れを変えた

しかしながら、一つの戦争で歴史の流れが変わるということは非常にまれです。そもそも、歴史というのは当時の王や権力者によって文書に残されることが多く、彼らは自らを美化するために、詩人や芸術家、歴史家にお金を払って、功績をたたえるように書かせます。

実際に歴史の流れを変えるのは、誰も考えもしない何百万人もの人々の努力です。わかりやすく例を挙げると、ジャガイモや小麦のような新しい食料、農産物の普及の方が大戦よ

りも世界を変えたのです。ヨーロッパの国々がアメリカ大陸を征服したことについて考えてもそれが当てはまります。

ヨーロッパ人がアメリカ大陸を発見し、征服に至ったのは、アメリカでジャガイモを発見したからです。当時、南アメリカでしか栽培されていなかったジャガイモをヨーロッパに持ち帰ったことで、やがてジャガイモはアジアにも渡り、世界中に広まりました。今日、ヨーロッパ、アジア、アフリカのほとんどの地域でジャガイモが食べられており、ジャガイモのない食生活は考えられません。唐辛子やトマトもまた、アメリカからやって来た食べ物です。アジアにはトマトもなければ、ジャガイモもありませんでした。この意味では人々の人生（生活）を変えたという意味で、それぞれの王が戦ったいかなる大戦よりも、ジャガイモの方がはるかに重要であったと言えるでしょう。

米中対立が軍事衝突に発展する可能性

――話題を現代に移します。米中関係について、トップの国と台頭する国が必ず衝突する「トゥキディデスの罠」[※1]が指摘されています。あなたはこれに同意しますか。

ハラリ　大筋では正しいと思います。歴史上、従来の支配勢力が新たな勢力の台頭を目《ま》の当たりにすると、武力で阻止しようとしてきました。新たな勢力は不当に抑圧されていると感じ、武力を行使して支配的な地位を獲得しようとします。象徴的な例は、第一次世界大戦を引き起こしたドイツ・イギリスの対立です。

　しかし今、われわれはいかなる時代と比べても、平和な時代に生きています。たとえば全世界で、戦争と犯罪による一年間の死者数は六〇～七〇万人です。ところが、交通事故の死者数は一三〇万人。肥満とそれに関連する疾患による死者数は三〇〇〇万人です。それほどまでに暴力によって命を落とす確率は低下しているのです。

　米中が経済的・政治的に競争しているのは事実ですが、それが全面的な軍事衝突につながることは必然ではありません。

　現に一九四五年以降、超大国同士の直接の軍事衝突は起きていません。冷戦下では、韓国、ベトナム、アフガニスタンで局地的な紛争が勃発しましたが、米ソ間の直接的な衝突はありませんでした。

　これは主に、核兵器の出現が原因です。超大国の戦争で核兵器が使われると、人類はいわば「集団的自殺」をすることになります。この状態は今でも変わっていません。核戦争の危険は依然として大きく、現代社会のリスクであることは事実ですが、抑止力が働くため、直接の衝突は可能性が低いと思います。

物質経済が終わり、戦争の合理性も消えた

相対的な平和が実現しているもう一つの理由は、経済の変化です。何千年もの間、主な経済的資産は金鉱、小麦畑、家畜、奴隷、土地といった物質でした。こうした資産は戦争や暴力によって奪ったり奪われたりします。つまり戦争は、経済的に合理性があったわけです。

発展途上の国が近隣国に戦争を仕掛け、彼らの土地を奪い、金鉱を取り上げ、住民を奴隷にすれば、その国は裕福になります。歴史上、こうした事例は枚挙に暇《いとま》がありません。ところがここ二～三世代で、経済がモノベースから知識ベースに変化しました。世界でもっとも重要な経済的資産は、エンジニアや経営者の頭の中にある知識になりました。つまり、無形です。

それを戦争で獲得することはできません。アメリカでもっとも裕福な地域はカリフォルニ

ア州のシリコンバレーだと思いますが、中国がアメリカに戦争を仕掛け、カリフォルニア州を征服したとしましょう。ところが彼らは何を獲得できるというのでしょうか。

シリコンバレーの富は、グーグルやフェイスブック、アップルといった企業のエンジニアや経営者の知識から来ています。それを力づくで征服することはできません。株取引や交渉によって獲得することはできますが、銃では獲得できないのです。

今日、戦争が広がっている地域は、まだ旧式のモノベースの経済が強いところだけです。中東では、富の源泉は石油という「モノ」です。だから戦争を起こして石油を獲得することが理にかなっています。

一方、中国、韓国、日本など世界のほとんどの国は、鉱物資源ではなく知識経済（知識を生産の基盤とする経済）です。ですから、戦争をしても得るものが小さく、失うものが大きい。これこそ、米中の緊張が全面戦争にまで発展しない正当な理由です。

歴史の教訓――人間の愚かさを警戒し、叡智を信じよ

――あなたは「現代社会の最大の脅威は核戦争の勃発」と指摘しました。長い時間をか

け、人類が自らを全滅させかねない武器を手に入れたことをどう捉えますか。

ハラリ　歴史を見ると、決して過小評価してはならない力が二つあります。一つは人間の愚かさです。人間は時に、信じられないほど愚かなことをします。ですから核兵器のように、自分自身が作ったもので自らを破壊することは確かに起こり得る話です。

一方で、人間の叡智も過小評価してはいけません。冷戦下で二大大国が核兵器を持ったとき、多くの人は「核戦争は避けられない。人類は自ら破滅を招くだろう」と危惧しました。しかし核戦争は起きませんでした。

これまで超大国は、政策の主要なツールとして戦争を使ってきました。しかし核兵器を持ってからは、戦争の脅威が大きくなりすぎたため、外交で利益の追求を図るよう転換したのです。

そのため冷戦が平和裏に集結し、世界は相対的に平和な時代に入りました。今では、核を保有する超大国だけでなく、ほとんどの国が利益を得るための手段として戦争を使うことはしません。

核兵器に対する人類の反応はまことに賢明でした。ところが歴史から学べることは、油断してはならない、ということです。

人間の愚かさは常に内面に潜み、いつそれが燃え上がって愚かな行為をするかわかりません。神がいつまでも、人間を自制ある状態に留めておくという保証はありません。一方、希望も失ってはならない。愚かさへの油断を防ぎつつ、叡智を信じる態度が求められると思います。

核兵器という危険な武器がありながら相対的な平和があるというのは、一見矛盾するように聞こえますが、実際は筋が通ります。脅威が非常に大きいので、人はずっと慎重になるからです。もし核兵器がなければ、一九五〇年代〜六〇年代に冷戦が第三次世界大戦にエスカレートしていたと思います。朝鮮戦争かベトナム戦争か、あるいはヨーロッパの何らかの対立がエスカレートして米ソがそれに引きずり込まれ、全面戦争を始めていたでしょう。

常に核による人類全滅の脅威があったため、双方で一歩下がって自制したのです。もちろん、今後も常にそういう自制が働き続ける保証はありません。これまで第三次世界大戦が勃発しなかった理由は、超大国の人間が賢明な選択をしてきたからです。もし人類が愚かな選択をし始めたら、核戦争が起こる可能性は十分考えられます。

テロリストというハエはアメリカ象の耳をくすぐる

――超大国同士の戦争がなくなった代わりに、現在では宗教対立に起因するテロが各地で起きています。

ハラリ　テロリズムは、政治システムを変化させる軍事力のない集団が行動を起こしたい場合に、人の弱さにつけこんで行う戦略です。テロ集団はショーを行うように、テロ行為をします。

テロリストは国を征服したり、軍隊を打ち負かしたりすることはできません。でも、人々の心をとらえることができます。彼らの「ホラーショー」により、人々はとてつもない恐れを抱き、その恐怖は想像の中で増幅します。

ほんの一握りの人を殺すだけで「あの木の後ろにも、あのビルの後ろにもテロリストがいるのではないか」という恐怖が、人々の間に蔓延《まんえん》します。

ある意味、テロリストは陶器店の中に入ったハエのようなものです。ハエは力が弱く、ティーカップ一つ動かすことができません。では、ハエが陶器店を破壊しようと思ったらどうするか。一頭の象を見つけ、その象の耳の中に入ってブンブンと飛べば、象は怒って暴れ出し、陶器店全体を破壊します。

これがこの二〇年間で、中東で起きたことです。テロ組織は独力ではイラクを破壊できなかったでしょう。でもアメリカ象の耳の中に入って、アメリカを怒らせ、結果としてアメリカがイラクを破壊したのです。

今、テロリストたちは廃墟の中でますます力を増大させています。彼らがやったのは、単にアメリカ人を過剰反応させることだけでした。ほとんどの場合、それこそがテロリストのやり口です。だからわれわれは、テロリズムを極端に怖がり、理性を失ってはなりません。もしわれわれが過剰反応し、軽率に軍事力を使った場合、それはテロリストの利益と目的に適うことになりますから。

この場合、核兵器は抑止力として機能しません。テロリストはひとつの国ではないからです。国と国との対立の場合、核兵器があると抑止できるのは、攻撃されたら敵国を破壊できるからです。でもテロリストの場合、国というものがありません。ニューヨークに二、三人のテロリストが隠れている場合、アメリカ人はどうしますか？　ニューヨークに原子爆弾を落としますか？　エジプトやサウジアラビアに数人のテロリストがいたとしても、アメリカはエジプトやサウジアラビアに核兵器を落としません。そういう意味で、核兵器はテロリストに対して効果がないのです。

気候変動はテロよりはるかに大きな脅威

――アメリカは対テロ戦争を「正義の戦い」と言います。これについてどう考えますか。そもそも「正義」とは何でしょうか。

ハラリ　テロリズムとは抽象的な概念です。国家は、別の国家や特定のグループに対して戦争を仕掛けることはできますが、テロリズムに対して戦争を仕掛けることはできません。だから「対テロ戦争」という言い方は誤解を招きます。

ただし現在、世界が抱えている多くの問題の中で、テロリズムは比較的取るに足らない部類に入ります。

先にも述べましたが、平均的なアメリカ人は、アルカイダによる爆弾テロで死ぬよりも、マクドナルドのハンバーガーを食べすぎて死ぬ確率の方がはるかに高い。テロとの戦いにコストをかけるより、バランスが取れた食事に投資した方が自分のためです。

同様に、歴史的観点から見れば、テロリズムよりも気候変動の方が、人類の繁栄や生き残りにとってははるかに大きな脅威です。

アメリカや他の大国は、テロとの戦いに使っている年十億ドルものお金を、気候変動や地球温暖化への対策に投資した方がはるかにいいでしょう。

近い将来「役立たず階級」が大量発生する

――ＡＩをはじめとするコンピュータ技術の進展により、あなたは「役立たず階級」（Useless class）が出現すると予測しています。未来の階級はどうなると考えますか。

ハラリ　十九世紀には産業革命が都市の労働者階級という新しい階級を創り出しました。二十世紀は、この新しい労働者階級を中心に、政治や社会が動いてきました。そして二十一世紀、ＡＩとバイオテクノロジーの出現により、「役立たず階級」というまったく新しい階級が出現すると考えています。

　私はあえて「役立たず」という非常に挑発的な言葉を使っていますが、もちろん彼らは、個人的な視点からは役立たずではないし、家族から見ても役立たずではありません。でも社会、経済、政治、軍事システム全般から見れば、彼らは役立たずです。

　それはなぜか。失業している状態というだけでなく、彼らを雇用できないからです。ＡＩやロボットより優れた成果を出す知識や能力が彼らにはありません。だから経済的価値がない状態になっているのです。政治的価値もなくなってしまうかもしれません。

　軍事分野では、すでにほとんどの人が役立たずになっています。二十世紀の軍隊は、何百万人の人を兵士としてリクルートする必要がありました。このようにして、第一次世界大戦や第二次世界大戦の、大軍隊が作られたのです。

　一方、今日の軍隊は、少数の、高度プロフェッショナル兵士と、ドローンやロボット、サイバー攻撃[※2]に精通したテクノロジストが必要になります。今後、自動化がますます進んでいくでしょう。

　もし同じことが民間の経済で起きれば、何十億人という人が経済的価値を失います。自動運転車[※3]ができればタクシー運転手もトラック運転手も必要なくなりますし、病気を診断する

ＡＩができれば、医師の仕事のかなりの部分が置き換えられます。グーグル翻訳※4があれば、翻訳家は職を失います。

一方、新たな職が出現するとの予測もあります。確かに、かつて農業や工業の仕事が機械に置き換えられたとき、サービス業で新たな仕事が出現しました。しかし、当時と同じことが本当に起きるかわかりません。現在と過去の状況には大きな隔たりがあるからです。

ＡＩが代替できない「第三の能力」は存在するのか

人間には二つの基本的な能力があります。肉体的能力と認知能力です。かつて、機械が肉体的能力において人間を凌駕《りょうが》し、人間は、サービス業や医師や翻訳家など、認知能力を必要とする仕事に移りました。

今、コンピュータやＡＩが認知能力においてわれわれと競争しています。ところが、「肉体的能力や認知能力は機械に任せて、われわれはほかのことをする」というような、「第三の能力」はまだわかっていません。存在するのかどうかすら不明です。

さらに、たとえ新たな仕事が出現しても、以前の仕事を失った人が適応できるかはわかりません。今、トラック運転手の仕事は減り、3DやVRでデザインするコンピュータ・グラフィックスの仕事が増えています。でも、五〇歳のトラック運転手が、自己改革し、3DやVRのコンピューター・グラフィックス・デザイナーとして再出発できるでしょうか。

ですから、新たな仕事ができたとしても、何十億人という人の仕事がなくなり、経済的価値がなくなり、それゆえに政治力もなくなるでしょう。

若者についても問題があります。彼らが年を取ったときに必要なスキルが読めない（何か予測できない）ため、今教えるべきスキルが何かわからないからです。三〇年後の労働市場は不透明なため、大学で何を教えるべきか誰もわからないのです。

今、われわれが子どもたちに教えているほとんどのことは、彼らが四〇歳になる頃には役に立たないでしょう。でも、代替手段がわからないのです。将来の労働市場が予測できないのですから。

ベーシックインカムがはらむ三つの大問題

――「役立たず階級」をどのように扱えばいいのでしょうか。ベーシックインカム[※5]で養うべきでしょうか。

ハラリ　それは一つのアイデアです。新たなテクノロジーを使って莫大な利益を上げている大企業に税金をかけ、それを職を失った人々に分け与えるという考え方です。たとえば、自動運転車を開発するグーグルからお金を吸い上げ、職を失ったタクシー運転手、トラック運転手に再配分するということです。

しかし、それにはいくつか問題があります。

第一に、誰がベーシックインカムの金額を決めるのか、という問題です。国民の欲望は大きくなる一方です。今日の「最低限不可欠なもの」は、一〇〇年前はもっとも裕福な人たちでも手に入れられないものばかりでした。たとえば今日、インターネットは不可欠なもので、誰もがアクセスできるようにしなければならないと言います。何が不可欠で、そのためにはいくら必要なのか。一体、誰が決められるのでしょうか。たとえ現時点の基準で金額を決めても、国民はすぐに、その額では不満に感じるでしょう。こうした判断を誰がするのか、コンセンサスはありません。

第二に、他国の労働者に払うべきかという問題です。今日、すべての国は貿易で繋がっています。低賃金労働や単純労働に依存しているのは、主に発展途上国です。

テクノロジーによって、こうした第三世界諸国の人たちが仕事を失った場合、グーグルやフェイスブックやマイクロソフトにアメリカ政府が課税し、それをバングラデシュの失業した織物工に送金することが、果たして現実的でしょうか。

ドナルド・トランプ大統領の話を聞けば聞くほど、アメリカ人がバングラデシュ人にベーシックインカムを払うことに賛同する可能性はほとんどないでしょう。

つまり、たとえ先進国でベーシックインカムが成功したとしても、発展途上国の何億人もの失業者をどうするかという問題は残ったままです。

第三に、「人生の意味」という問題があります。単に食料と住居を提供すればいいわけではなく、何らかの人生の意味も提供しなければなりません。仕事がなくなったとき、どうすれば彼らに人生の意味を与えることができるのでしょうか。

ある人は、「働く必要がなくなったら、人々はコンピュータ・ゲームに時間を費やす」と言います。それが彼らの人生に意味を与える、と。確かに3Dのバーチャルリアリティーは高度化する一方で、より多くの人が、長い時間をサイバースペースで過ごすようになっています。

しかし、そんな社会は、本当に理想郷なのでしょうか。私はそうは思いません。

人類がまもなく経験する「次の革命」とは――消えない専門職はごく一部

――私はジャーナリストなので、この職業は消えないでほしいのですが、ひょっとしたら近い将来、あなたはロボットにインタビューされているかもしれません。

ハラリ　ジャーナリストや翻訳家、医師など、ほとんどの専門職は、完全に仕事自体が消えることはありません。しかし多くは自動化されます。

翻訳家の場合、グーグル翻訳が小説や詩を翻訳できるのはまだまだ先です。村上春樹氏の新作小説がグーグル翻訳でなされるイメージはありません。

しかし、たとえばトヨタ自動車がイスラエルにクルマを輸出すると、そこにマニュアル（取扱説明書）がつきます。そのマニュアルを、日本語から英語、ヘブライ語に翻訳することは、すぐに機械ができるようになるでしょう。

村上春樹の作品を翻訳する翻訳家はほんの一部で、多くの翻訳家はトヨタのマニュアルのようなものを訳しています。この仕事はやがて失われていきます。運転手の場合、ほとんどのタクシー運転手やバスの運転手、トラックの運転手は自動運転の自動車のせいで、職を失うかもしれません。

医師の場合もそうです。新しいガン治療の研究のような、複雑な仕事は残ります。でも頭痛や風邪を診断する仕事は、数年以内にＡＩの方がうまく行うようになります。

現在、私が病気になってクリニックに行くと、二〇分待たされて五分から一〇分程度の簡単な診断を受けるだけです。医師は簡単な質問を二、三して、私に口を開けさせ、その状態を少し調べるだけです。血圧を測ることもあります。

かかりつけの医師ですから、私の病歴を覚えていて、経験則に基づいて診断します。その限られたデータを使い、可能性のある病気を見つけようとします。でも彼は、すべての病気の最新情報や、最新の論文を把握することはできません。疲れたり、空腹だったりしたときは、診断の精度が下がります。時には正しくない診断、ベストとは言えない診断になることもあるでしょう。

一方、ＩＢＭのワトソン[※6]などを用いたＡＩによる診断を使えば、私はクリニックに行く必要がなく、スマートフォンでいつでもどこにいても診察を受けることができます。さらには血圧や心拍数などを知らないところでモニターするため、気分が悪いなど身体の異変に私が気づく前にアラートを鳴らすことができます。すると、処置がより簡単になります。

たとえば「あなたは今何も感じていないが、インフルエンザにかかり始めている。だから今この薬を飲めば（あるいはオレンジジュースを飲めば）治ります」というようなことを、「AI医師」が教えてくれます。このアドバンテージは絶大です。医師が常にどこにでも同行してくれるのですから。あなたの場合で言えば、日本にかかりつけの医師がいて、イスラエルに飛んでも、医師が二四時間体制で待機している（スマートフォンの中にいる）という状態になります。

インフルエンザだけではありません。とくに影響するのがガンだと思います。多くの人が、自覚症状が出て初めて医師にかかり、そこでガンが見つかりますが、そのときにはすでに身体中にガンが広がっていて、治療が難しいことがあります。

一方、身体の兆候をつねにモニターしていれば、こうした病気の早期発見につながります。

今、臨床医の仕事の九〇パーセントは診断が占めていますが、これはAIに取ってかわられるでしょう。ほとんどの医師が二〇年後、三〇年後に、職を失う可能性があります。

二十一世紀の人類は、狩猟民族に学べ

――あなたは人生一〇〇年時代の到来を予測し、「人間には生涯を通じて、自分をどんどん変えていく能力が必要」と指摘しています。そのような能力はどのようにして身につけられるのですか。

ハラリ 非常に難しい問題です。必要なことはわかっていますが、具体的な方策は現時点では見えにくいのです。

現在、二つのプロセスが同時進行しています。一つは、人間の寿命の長期化。もう一つはテクノロジーによる変化スピードの加速化です。そのため、人生を生き抜く上では、絶えず新しいテクノロジーを学び続け、新しい経済状況・社会状況に対応しなければならない時代に入っています。

しかしこれは、非常に難しい。なぜなら、人は本質的に変化を好まないからです。

ティーンエイジャーのときは、新しいことを学んだり、新しい環境に適応したりするのは

比較的簡単です。しかし私のように四〇歳になれば、あるいは五〇歳、六〇歳になれば、学習能力は低下します。

従来の生活様式では、人生は二つの時期に分かれていました。最初は「学ぶ時期」、次に「学んだことを使う時期」です。最初の時期に安定したアイデンティティとスキルが確立され、あとはそれを使うだけでした。

しかしこれは、二十一世紀では通用しません。われわれは絶えず学習し、自己革新をしなければならないのです。四〇歳、五〇歳になると、アイデンティティと専門性を築くのに相当のものを投資しているので、そこから人生を再出発するのは難しい。どうやってそれができるかはわかりません。三〇歳を超えると、ほとんどの人は新しいことを学ぶことがそれほど上手ではなくなります。また、ほとんどの人は変化を好みません。でも、やらなければなりません。

——あなたは「二十一世紀の人間は狩猟民族に学ぶべき」とも言っています。

ハラリ　もちろん彼らが実際に使っていたスキルは、二十一世紀にはあまり役立ちません。でも狩猟民族から二つの重要なことを学ぶことができます。

一つは、自分たちの願望に合うように環境を変えるのではなく、自分自身を環境に適応させることです。狩猟民族は絶えず、自分たちの力では環境を変えることができない世界で生きていました。だから、現代人よりもはるかに柔軟性や適応力があります。これこそ、われわれが学びたいスキルです。

もう一つは、自分の身体や五感に対して、鋭敏であることです。狩猟民族として生き延びるためには、目で見ること、耳で聞くこと、鼻で嗅ぐこと、すべてについて研ぎ澄ました感覚が必要でした。

現代人はサイバースペースにますます多くの時間を費やし、こうした能力を失いつつあり、それによって、生き抜く力が低下しています。メールを書くことはどんどんうまくなりますが、自分の五感に注意を払う能力を失っている今、これが狩猟民族から学ぶべき点です。

自然淘汰さえ克服しつつある人類
——あなたの言葉によれば、これからは大多数の人が仕事を失い、変化できない人間には

厳しい時代になります。そんな中、未来に向けて光明はあるのですか。

ハラリ　われわれは今、人類の歴史上のみならず、生命の歴史全体で最大の革命に差し掛かっています。四〇億年の間、生命は自然淘汰によって進化してきました。バクテリアであれ、恐竜であれ、人類であれ、すべての生物は有機体であり、その生死は自然の法則に従っていました。

しかしわれわれは、自然淘汰さえ克服しつつあります。インテリジェント・デザイン[※7]によって、生命の摂理が置き換えられているのです。今、われわれは肉体や脳や精神をデザインして作る方法を学んでいます。これこそが生命の誕生以来、真に最大の革命です。

もしかすると、有機体の生命は、無機体の生命に置き換わるかもしれません。この世の春を謳歌したものは、必ず滅びます。ひょっとしたら、四〇億年の有機体生命の時代が、まもなく終わるのかもしれません。

ですからこの三〇年間でわれわれが行うさまざまな決定は、単に政治の世界ではなく、生命の進化そのものを本当に左右すると思います。

それについての価値判断は述べません。しかし、そうした時代に差し掛かっていることは、すべての人が認識すべきでしょう。

――あなたは歴史学者ですが、進化生物学や考古学に関する知見にも造詣が深いですね。

ハラリ　私はひとつの分野に留まらず、抱いた疑問への答えを追究しています。世界は一つです。現実も一つです。でも、大学では実用的な目的で歴史、生物、経済、物理など異なる専門に分かれます。これはこれで必要です。すべての分野で専門家になることは誰にもできません。

ただ、そこで問題となるのは、一つの分野に閉じこもっていると、他の分野で何が起きているか把握できないことです。重要な問題に対する答えを見つけたければ、自分の専門分野を出てほかの分野についての知識をもたなければなりません。私にとっては学問の境界よりも疑問の方が重要です。たとえば「石器時代よりも今の人の方が幸せかどうか」という疑問に答えるためには、心理学、生物学についての知識が必要です。だからその分野について、資料を読みます。

コツとしては、自分の期待をある意味で制限することです。すべての分野で専門家になることはできませんので、すべてのテーマについて深く知ることはできないとまず認めます。狭い分野での専門家には、自分ではなく、ほかの人がなれば良い、ということです。たとえ広く浅くでも、異なるテーマについて理解をしている学者は、ビッグ・ピクチャーを提供することができます。

学問横断的なアプローチが大切なのは、今に始まったことではありません。歴史のどの時期をとっても、世界で何が起きているかを広く理解したければ、学問横断的なアプローチが必要でした。今日、人類が抱える重要な諸問題を扱うには、やはり学問横断的なアプローチが必要となってきます。

気候変動のようなテーマを考える場合でも、気候以外、つまり気象学や地理学以外のことも理解しなければなりません。たとえば、経済的要因、政治的要因、文化的要因を考慮しなければならないでしょう。ですから、政治、経済、歴史、哲学の知識も必要なのです。

同じことがＡＩのような新しいテクノロジーにも言えます。ＡＩの扱い方を理解するには、もちろんコンピュータをある程度理解していなければなりません。自分でプログラムをする方法を知る必要はありませんが、ＡＩとは何か、それができることは何か、把握しておく必要があります。また、政治や経済、哲学のことも理解しておくと、ＡＩが提示するコンピュータ・サイエンス以外の疑問、経済や政治、哲学の分野での疑問と向き合えます。

このように、今日われわれが直面している重要な問題を扱うには、学問横断的なアプローチが不可欠となっているのです。

歴史学者でも、特定の時代・場所に特化した研究を行う者がいる一方で、私のようにマクロの歴史を研究している者もいる。お互いに補い合うためには、両者が必要です。すべての歴史家が私と同じこと、つまりマクロ歴史しか研究していないとすれば、それは問題です。たとえば、中世の日本を深く理解している人や、第一次世界大戦を深く理解している人がいなくなるのは、良いことだとは思えません。私の場合は個人的に、ミクロ的な疑問よりもマクロ的な疑問にとても惹かれたということです。

準備をするのは今しかない

――だから今まで起きてきたことのビッグ・ピクチャーを描くことができるのですね。三〇年後に何が起きているかを予測できるのはあなたしかいないと思うのですが。

ハラリ　われわれができる唯一のことは、異なる可能性を描いてどの可能性が実際に実現するかを予測することです。世界は決定論的ではありませんから、それができる人はいません。

前述のとおり、テクノロジーをみると、ＡＩが非常に速い速度で進化していて、それが世界を変えることは誰でも想像がつくと思います。単にコンピュータを変えるだけでなく、経済、政治、文化をも変えるでしょう。

では、どのように変えるのか。一介の学者である私の使命は、もっとも危険な可能性も含めて、さまざまな可能性を示すことです。人々が「役立たず階級」の出現のような、特に危険な可能性を意識することはとても重要です。何か好ましくない可能性が考えられれば、それについて対処することもできます。もし何もできないのであれば、「こういうことが起きるだろう」という予測は何の意味もありません。

予測する意味とは、こういう予測がありますよ、どれもが起こる可能性があるけれど、ある可能性について危険を感じるなら、今すぐ何とかしてください、ということです。

――準備をするのは今、ということですね。

ハラリ　はい、その可能性が現実になることを避けなければなりません。私は学者として「こうなる可能性がある」という絵を示します。もし恐怖を感じるなら、それに対して行動を起こすのは一人ひとりの役割です。

※1　トゥキディデスの罠：新興の大国は必ず既存の大国に挑戦し、既存の大国がそれに応じた結果、戦争が起こってしまうという法則のこと。

※2　サイバー攻撃：コンピュータネットワーク上で、特定の国家や企業に対して破壊活動やデータの窃取、改ざんなどを行うこと。

※3　自動運転車：ＡＩ技術を用い、人間が運転を行わなくとも自動で走行できる車。

※4　グーグル翻訳：Google社が提供するサービス。ある言語の音声やテキストを、コンピュータを使って別の言語に翻訳する。

※5　ベーシックインカム：就労の有無や収入の多寡などに関わらず、すべての個人に政府が生活に最低限必要な所得を無条件に給付するという社会保障政策。

※6　ワトソン：世界的なＩＴ企業であるＩＢＭが開発している人工知能。

※7　インテリジェント・デザイン：ダーウィンの進化論をくつがえす新理論で、ＩＤ論と呼ばれる。「自然界は非常に複雑で、ダーウィンの進化論が主張する自然淘汰だけで説明できるほど単純ではなく、知的な設計者が介在しているはず」という趣旨。

ハラリ氏の自宅での取材風景

Chapter 3

人生一〇〇年時代、生き方は三つのステージからマルチ・ステージへ

〝これまでの人生では、「教育・仕事・引退」という三つのステージしかありませんでした。そして、最も重要なことは、誰もが同時に、足並みを揃えて（lockstep）人生の三つのステージを経ていたため、個々人が変化を意識する必要がなかったということです。

しかしこれからの「マルチステージ・ライフ」（複数のステージが存在する人生）では、自分自身で変化をマネジメントすることが求められます。自分は一体どうなりたいのかを選択しなければならないのです。〟（一一一ページより）

Lynda Gratton

リンダ・グラットン

ロンドン・ビジネススクール教授

ロンドン・ビジネススクール教授。人材論、組織論の世界的権威。2011年には、経営学界のアカデミー賞とも言われる「Thinkers50」ランキングのトップ12に選ばれている。
仕事の未来を考えるグローバル企業のコミュニティ、「働き方の未来コンソーシアム」を主宰。シンガポール政府のヒューマンキャピタル・アドバイザリーボードメンバーを務めた。
著書『ワーク・シフト —— 孤独と貧困から自由になる働き方の未来図〈2025〉』(プレジデント社)で、日本における2013年ビジネス書大賞を、続いて『LIFE SHIFT(ライフ・シフト)』(アンドリュー・スコットとの共著、東洋経済新報社)で2017年ビジネス書大賞準大賞を受賞。『Hot Spots』『Glow』など一連の著作は20カ国語以上に翻訳されている。

写真：斎藤久美

安倍政権が目玉政策に掲げる「人づくり革命」の一環で、二〇一七年秋に「人生100年時代構想会議」が設置された。ロンドン・ビジネススクールのリンダ・グラットン教授はその有識者議員に起用されている。

契機は彼女が同スクールのアンドリュー・スコット教授と共著で執筆した『LIFE SHIFT（ライフ・シフト）』（東洋経済新報社）である。人生が一〇〇歳まで続くとなると、今までの生き方が通用しないことは想像に難くない。かと言ってどう生きたらいいのか、誰もが迷っていた。そんなタイミングで、グラットン氏は新しい人生戦略を多彩な切り口から提案した。

＊　＊　＊

グラットン氏は、来るべき長寿社会では「教育・仕事・引退」という「三ステージの人生」は終わりを告げ、「マルチステージの人生」が到来すると予言する。人生一〇〇年時代においては、年齢を重ねてからの「学び直し」が重要となるのだ。

特に日本人は、現時点ですでに平均寿命が他の国より長い。われわれの生活に当てはめてみれば、彼女が示す人生戦略は一〇〇パーセント筋が通ると筆者は感じた。反論の余地はまったくないだろう。

しかし、定年退職制を含め、現状の日本の企業社会は欧米諸国のそれと比べると柔軟性に欠ける。そのため、彼女が提案する人生戦略を同じように実行するのは難しい。それでも、グラットン氏が提唱する「無形資産」の一つ、「変化への対応力」がある人とない人とでは、今後の人生が大きく変わることは論を俟《ま》たない。

AI（人工知能）が急速に進化するにつれ、雇用も変化する。「働き方改革」を大きく掲げながら、現実にはなかなか変わらない日本人の労働習慣にも、グラットン氏は当然ながら批判的である。長時間労働を前提とし、男性一人が家族を養う社会モデルは、人生一〇〇年時代において、これまでよりいっそう変革を求められそうだ。

＊　＊　＊

「教育・仕事・引退」という、これまでの典型的な「三ステージの人生」の考え方では、人生一〇〇年時代を幸福に生きることは困難である。また、企業や国家も考え方を変えなければ、いくら個人レベルで変わろうとしても大きな壁にぶつかるだろう。

人材論、組織論の世界的権威であるグラットン氏による、「耳の痛い話」をお届けしよう。

――あなたは著書『ライフ・シフト』で、先進国で二〇〇七年以降に生まれた人の半分が一〇〇歳まで生きる予測を引用し、「人生一〇〇年時代」の生き方について指南を行っています。「人生一〇〇年時代」におけるもっとも重要な要素を一言でいえば、何ですか。

グラットン　本書を執筆したのは二〇一五年ですが、今振り返って、重要なメッセージは何だったのかを自問しました。すると、二つの重要なメッセージが浮かびました。

一つめは「〝三ステージの人生〟が終わった」ということです。既存の「教育・仕事・引退」という三ステージの人生設計はもはや時代遅れになりつつあります。フルタイムの仕事や定年退職という概念自体がなくなり、人々はさらに細かいステージを、年齢にとらわれることなく生きることになります。

二つめは、「有形資産」と「無形資産」という二つの資産です。一つめに比べるとメディアに取り上げられる頻度は少なかったのですが、非常に重要です。「有形資産」とは、お金やモノのことを指しますが、それ以上に健康や仲間、変化への対応力といった「無形資産」が重要だと私は考えています。

平均寿命が短い時代では、「引退」ステージのために、金融資産を蓄積することが合理的でした。しかし寿命が延びると、お金を蓄積するより、「より長く働くための資産」を蓄積する必要があります。それこそが、生産性資産、活力資産、変身資産からなる「無形資産」です。

『ライフ・シフト』は九カ国語に翻訳され、私は世界中の読者と話をしましたが、ほとんどの人は異口同音にこの二つの重要性を口にしました。

変化への対応力で格差が生じる

――無形資産の一つに「変化への対応力」があります。人間は元来、変化を嫌う性質を持っており、変化し続けることが必要な世界は、多くの人にとって生きづらいと思います。これからは変化ができる人とできない人で、ますます格差が広がっていくと考えますか。

グラットン　そう思います。当然、われわれは、常に変化できるようにならなければなりません。

これまでの人生では、「教育・仕事・引退」という三つのステージしかありませんでした。

そして、最も重要なことは、誰もが同時に、足並みを揃えて（lockstep）人生の三つのステージを経ていたため、個々人が変化を意識する必要がなかったということです。

しかしこれからの「マルチステージ・ライフ」（複数のステージが存在する人生）では、自分自身で変化をマネジメントすることが求められます。自分は一体どうなりたいのかを選択しなければならないのです。

だから私は、「無形資産」の柱の一つとして「変身資産」を位置付けたのです。具体的には自分自身に対する深い理解や、変化を助ける多様なネットワークが挙げられますが、変身できることそれ自体が、これからは資産になってくるのです。

重要なのが、余暇の時間を意味する「レクリエーション」ではなく「リ・クリエーション」（再創造）に時間を使うことです。余暇の時間は引退後ではなく、人生のあらゆるステージに細切れにやってきます。その時間を学ぶ時間として使うべきです。

何かを学ぶときは、三つの「期間」で計画せよ

——とはいえ、既存の仕事を継続しながら新しいことを学ぶのは大変です。人生一〇〇年

時代では、思い切って仕事を辞め、新たなスキルを集中してインプットする時間が必要だということですか。

グラットン　学ぶ中身に応じて、三つのタイム・フレーム（時間の枠）を使い分けることが重要です。

ちょうど今、私は学習法についての本を書いていますが、五分で学べること、週末に学べること、二〜三カ月のサバティカル（研究休暇）で学べることを整理し、それぞれについて計画を組み立てるべきだと考えています。

もちろん、サバティカルはすべての企業で認められているわけではありませんから、時には仕事を中断する必要が生じることもあります。重要なのは、人生の最後ではなく、人生の途中にそうした時間を入れることです。

多くの人が退職を躊躇《ちゅうちょ》する理由は、「一度辞めるともう戻れない」と思っていることです。

しかし実際には、一度辞めた人が戻ることを容認する企業も増えています。特にデロイト・トーマツやPwCといったコンサルティングファームはそうです。今後、時代の要請に従い、その風潮は強まっていくでしょう。

現在でも女性は、産休・育休を取っても復帰することができます。なぜ男性は許されないのか、私には疑問です。

人生一〇〇年時代とは、共稼ぎの時代

――「家族がいるから仕事が辞められない」という人も多いと思います。それに対するあなたの答えは何ですか。やはり「共働きでいろ」ということでしょうか。

グラットン　ええ。ベストな生き方は、夫婦が二人とも仕事を持っていることです。そうすれば、一人が働いていれば生計が立てられ、もう一人は次に向けてリ・クリエーション活動に専念することができます。連続的な収入を維持するためには、二人ともが仕事を持たなければなりません。

世界の先進国の中で、日本は女性の労働参加率がもっとも低いですが、明らかに問題です。なぜなら、男性に多大なプレッシャーがかかるからです。

私なら、「自分がこの家で唯一収入がある」という状態にはなりたくありません。私はず

っとシングルマザーで、最近再婚してようやくその状態を脱しました。収入が二人から入ってくることで、一気に精神的に安定しました。

もう一つは、女性がフラストレーション（欲求不満）を感じることです。われわれがこうしてインタビューをしているのも、まぎれもなく仕事です。でも、家でじっとしているよりもはるかに楽しい。

日本では、多くの女性が良い仕事を経験する機会を奪われています。これによって多くの女性がフラストレーションを感じている。すると家庭内にも嫌なムードが生まれ、男性は家に帰りたくなくなります。結婚生活もうまくいきません。男性は長時間労働でイライラし、女性はフラストレーションを感じている。日本ではこうした不幸せな家庭が続出しています。

少し乱暴な議論になりますが、婚姻率や出生率が下がっているのも「結婚がいい取引ではない」という意識が強まった結果ではないでしょうか。「取引」が機能していない一因は、男性にかかるプレッシャーです。「家族全体が一〇〇歳になるまで、自分が養わないといけない」というプレッシャーは相当なものです。女性が働いていないということで、最大の損失をこうむるのは男性なのです。女性ではありません。

都市集積はますます進む

――人生一〇〇年時代を生きるために不可欠な資産として、三つの「無形資産」があるというお話でしたね。一つは今お話しいただいた「変身資産」、残りの二つは「生産性資産」と「活力資産」であると述べられています。この二つについて詳しく伺います。「生産性資産」はスキルや知識、仲間、他人からの評判といったものですが、なぜこれが重要なのですか。

グラットン　一つめの「生産性資産」とは生産性を高めて仕事を成功させるための資産です。生産的であるためには、あなたを指南する人、深く話をすることができる人との関係を形成する必要があります。

人間関係は無形資産の中でも最も重要な要素です。社会学の世界では「社会関係資本」と呼ばれています。社会関係資本をもつ者は、人脈が人脈を生み、スキルがスキルを生む。そして人生の新たなステージを切り開くことができる。この流れは昔から変わりません。

また、社会関係資本の多寡が健康状況を左右することも以前からわかっていました。二つめの「活力資産」（肉体的、精神的な健康や幸福状態を保つこと）にも該当する話ですが、良い人間関係をもっている人は健康に過ごせます。

日本人の寿命が長い理由の一つに、コミュニティの中の友情構築が豊かであることが挙げられます。日本の高齢者は世界の中でも高水準のコミュニティに生きています。

当然、「変身資産」にも人間関係が影響します。多様性のあるネットワークを構築したり、異なる種類の友人をもったりすれば、自分の人生に変化を起こすことができます。

――新たな人との出会いを考えると、やはり都市に住む方が有利だと思いますか。未来の先進国では、ますます人口の都市集中が進むのでしょうか。

グラットン　そうです。現代社会におけるさまざまな変化のうち、目をつけるべきものの一つに「大都市の勃興」があります。日本にも世界で最大の都市、東京がありますが、都市に固まって住むことを選ぶ日本人は今後も増え続けるでしょう。

もちろん、都市の暮らしもいいことばかりではありません。たとえばMBA（経営学修士）

の学生たちに人生設計についてエッセイを書かせると、多くの学生が「大都市に住むことに惹かれるが、そこに自分たちのコミュニティがあるだろうか」と書きます。

つまり、大都市に住むことで、親や家族から離れなければならない。居場所が見つけられないかもしれない。そこから生まれるストレスをどうやって軽減すればいいのか、といったことを彼らは悩んでいるのです。

しかし自分の人生を切り開くときには、ある程度のストレスは仕方がありません。

現実問題として、都市に住むメリットは大きい。人間関係の構築はもちろん、ほとんどの国で、田舎に住むより都市に住んだ方が高収入になる傾向があります。私が先週滞在していたコンゴ共和国でも、首都・ブラザビルへの人口集中が進んでいます。

二〇一〇年ごろから加速した都市への人口集中は、今後も止まることはないでしょう。人々が都会に移住することを止めることはできません。ひょっとしたら何らかの出来事がきっかけで、逆のトレンドが発生し、人々が田舎に戻り始めるかもしれませんが、そのエビデンスはありません。

「働き方改革」は実現できるのか

――次に「活力資産」について伺《うかが》います。いうまでもなく「健康」は大きな資産ですが、日本では多くのビジネスパーソンが働きすぎるあまり、運動する時間が取れなかったり、なかには過労で自殺したりするケースもあります。この現象についてどう思いますか。

グラットン　私は日本人ではないので、他の国については慎重にコメントしなければなりませんが、オブザーバー（観察者）として言えば、日本が戦後、国家を再建するにあたり、企業の活躍が不可欠だったということです。

日本には世界で最も優れた企業がいくつもあります。戦後復興の時期は、こうした企業の社員が長時間働き、経済成長を担いました。

ところが、そうした時代は終わりました。現在は世界がグローバルになったことで、一日のどの時間でも働けるようになりました。常に誰かから連絡が来て、タスクがある状態です。にもかかわらず、長時間労働を前提とした企業慣習は変わっていない。本来はテクノロジーにより、長時間働く必要はなくなっているにもかかわらず、です。こうした状況で労働者が苦しまないわけはありません。

日本の労働習慣、そして女性に対する態度を見ると、私はアメリカやヨーロッパに比べて「変わっている」と思います。

日本政府や日本企業のＣＥＯ（代表取締役）はこのことをよく認識していて、問題解決に取り組もうという姿勢が見えます。私が日本に行ったときに、何人かのＣＥＯと意見交換をしたのですが、誰もが労働問題について高い意識を持っていました。

一方でこの問題は、日本文化に深く根ざしています。だから破壊するのは難しい。当然、長時間労働で健康を害することは、労働者のみならず、会社全体にとってもマイナスです。疲れてイライラし、イノベーションやクリエイティビティを減退させるからです。

――何か解決法は思いつきますか？

グラットン　企業トップ（経営者）のさらなるコミット、これに尽きます。企業内の変化は、ほとんどの場合トップから巻き起こります。社員に長時間労働をやめてほしければ、まずはCEO自身が働く量を減らし、「長時間労働撲滅」の姿勢を社員に示さなければいけません。

先日、日本のある会社を訪問しましたが、夕方になると社員が連れ立って飲みにいく習慣がありました。これは「社会的な行動」ともいえますが、社員が家族のところに帰らないことを意味します。子どもがいる女性にとってはもちろんよくないですし、男性にとってもよくありません。こうした習慣も、企業トップが姿勢を示してやめるべきだと思います。

――むしろ外国人CEOの方が、日本企業の文化を変えられるのでしょうか。

グラットン　確かに日産ではカルロス・ゴーン氏が全社改革を成功させましたが、欧米出身のCEOを増やしたところで、万能薬にはなりません。

しかし重役に非日本人を多く登用するのは重要です。多くの日本企業がグローバルになっているので、有能な外国人社員が、「日本人以外でもトップに登る機会がある」と感じられるようにしなければなりません。

もし私がノキア（フィンランドの電気通信機器メーカー）の経営陣からアドバイスを求めら

れたら「フィンランド人以外の人をトップに入れるべき」と言います。ダノン（フランスの食品会社）には「フランス人以外の人をトップに入れるべき」と言います。

どの企業も、会社が戦っている市場を深く理解する人をトップに入れるべきで、それは会社の国籍とは関係ありません。

今の六〇歳は昔の四〇歳と同じ

――日本では年齢によって求職者を判断する傾向が強く、「三五歳以上は転職できない」という言説も根強く残っています。「人生一〇〇年時代」にはこうした慣行はふさわしくないと思いますが。

グラットン　ええ、エイジズム（年齢差別）は日本の悪い一面です。イギリスでは求人に年齢制限を設けることは違法で、履歴書にも年齢や生年月日を書きません。日本も年齢差別を禁ずる法律はありますが、うまく運用されていません。

ただでさえ日本には高齢者が多いのですから、年齢差別をしている場合ではありません。

私はずっと言い続けているのですが、現在の高齢者は、昔の高齢者に比べて、ずっと健康的で活力があります。たとえば私は現在六二歳（取材時）ですが、あなたは何歳ですか。

――私も六二歳（取材時）です。一九五五年三月生まれです。

グラットン　私は一九五五年二月生まれなので、同い年ですね。あなたは先ほど、飛行機から降りたばかりなのに、もうこうしてインタビューを実施しています。私もコンゴから戻ってきたばかりですが、元気そのものです。

六二歳の人が元気に働けるのは明らかで、少なくとも七二歳までは問題なく働けると思います。

よく言われていることですが、今の六〇歳は昔の四〇歳と同じぐらいの健康状態を持っています。しかも昔の四〇歳よりも二〇年多く経験を積んでいます。

私は教壇に立つときに、あえて自分の年齢を学生に言います。ほとんどの女性は年齢を言いたがりませんが、私は声を大にして言います。なぜなら、六〇歳を超えてもこれだけ元気であることを示したいからです。

すると学生からは、「リンダ教授はこの年になってもフルタイムで働いている。われわれは固定観念を変えなければならない」といった反応が返って来ます。

ロンドン・ビジネススクールは幸運にも、年齢差別はなく、働きたいだけ働けます。七〇代の教授も在籍しています。そうしたことを見るにつけ、とにかく早急に、仕事における年齢差別を全廃する必要があると考えます。

キャリアは選択の組み合わせ

――ご著書『ライフ・シフト』で提唱しているコンセプトは、どのような経緯から着想したのですか。

また、この本の背景には、ひょっとしてグラットンさんご自身のキャリアがあるのではないかと思っています。あなたは大学で心理学を学んだ後、民間企業を渡り歩き、その後ロンドン・ビジネススクールの助教授になりました。こうした多様なバックグラウンドは、『ライフ・シフト』に書かれていることと呼応するようにも見えますが、ご自身で振り返っていかがですか。

グラットン　まず、寿命が伸びていることはもっとも喫緊《きつきん》の問題の一つです。誰もが一〇〇歳まで生きるようになったら何が起きるか、ということについて、同僚の経済学者のアンドリュー・スコット氏と話していたら、「これは重要な問題だ。さらに議論をして、本にしよう」ということになったのです。私は経済学に心理学的アプローチを加えることで、この議論に貢献ができると考えました。

私は大学で心理学の博士号を取得した後、最初は航空会社のブリティッシュ・エアウェイズでチーフ・サイコロジスト（臨床心理士）として働きました。これは本当に最高の仕事でした。その後、PAコンサルティング・グループでコンサルティングの仕事を行い、ロンドン・ビジネススクールに助教授として着任しました。

確かに『ライフ・シフト』の内容は、私の人生と一致するかもしれません。私のキャリアは、「人生の目的」と「人生の意味」の組み合わせでもあります。同時に、「積極的な選択」の組み合わせでもあります。

私が心理学で最初の学位を取り、それから博士号を取得したときに、「自分は人間だけではなく、人間を取り巻くシステムにも関心がある」と気づきました。これは人生の目的や意味に関わることでした。

そうしたシステムは、学術的な研究だけをしていても理解できない。そこで私はいったん大学を離れ、民間企業に転じるという積極的な選択をしたのです。

また、ブリティッシュ・エアウェイズを離れてコンサルティング業界に移った理由は、自立性のある仕事がしたかったからです。私の性格の大部分を占めるのは「独立していたい」という思いです。ロンドン・ビジネススクールもそうした軸に沿って選択しました。

『ライフ・シフト』では、自分の性格ややりたいことを掘り下げて職業選択をすべきと書きましたが、確かに私自身がそうした経験をしているのです。

人生一〇〇年時代には卵子凍結が必要とされるか

グラットン　もう一つ、私にとって重要なことは、母親としての役割を果たすことです。私は家族についての書籍も執筆中ですが、避けてはならないテーマがあります。過去と比べてすべてが変わった世界で、一つだけ変わっていないことは、女性が子どもを産める年齢である、ということです。

これは人生一〇〇年時代を考えるうえで、興味深く、いささか心配なことです。「子どもを産める年齢」という問題は、多くの緊張や不安を生み出しています。

私はＭＢＡの学生に家族についてエッセイを書かせます。すると多くの学生が「卵子を凍結して、女性が子どもを産める年齢をコントロールする必要がある」と主張します。

私自身は卵子凍結はしませんでしたが、若いうちから「もし母親になりたかったら、三五歳までに活動を始めなければならない」ということは理解していました。

ロンドン・ビジネススクールに移ったのも、子どもを持つ自由が欲しかったことが理由の一つです。それは私にとって一大決心でした。なぜなら、ＰＡコンサルティング・グループに比べて、ロンドン・ビジネススクールでの収入は十分の一だったからです。今になって、ようやく当時の収入に近づいてきましたが、それでも完全には戻っていません。

しかし、ＰＡコンサルティング・グループでの働き方に、子どもを持てるほどの余裕はありませんでした。あなたの言うように、会社を辞めるのは難しい選択です。私もそうでした。でも、自分が望む人生を送りたいのであれば、転職について何度か決断しなければなりません。そのためにはまず「自分が望む人生とは何か」を突き詰めて考える必要があります。

――あなたのようなキャリアパスは日本ではあまり見受けられません。

グラットン　イギリスでもかなり珍しいと思います。私は日本でたくさんのインタビューを受けますが、女性たちから「なぜそうした道を歩んだのか。どうやって実現したのか」と聞かれます。つまり、日本人女性にとって、一種のロールモデルになっているのです。

――先ほど、再婚する予定だと言われましたね。何人子どもがいらっしゃるか聞いてもいいですか。

グラットン　二人です。ただ、二カ月後（取材時）に再婚する予定の夫は、子どもが六人います。だから私は、いきなり八人の母になる予定です。

――あと一人で野球チームができますね。

グラットン　ちょっとクレイジーです(笑)。そして夫婦でもクレイジーなことをいっぱいやっています。先日はコンゴに行って、川の中を歩いて回りました。この年でも、当たり前にこんなことができるのです。何歳でも「やりたいこと」を明確にすれば、それを実現できるということです。

『ライフ・シフト』の出版後、ほぼ毎日、読者からの手紙を受け取っています。そこには「『ライフ・シフト』は私の考え方を本当に変えました」と書かれています。そうした反響は本当にありがたい。なぜなら、「教育・仕事・引退の三ステージ」という固定観念を超え、真に人生を豊かに生きるためにはどうすればいいか、という点を私は伝えたかったのですから。

日本が活用できていない大きな資産とは

――「人生一〇〇年時代」が政治や政策に与える影響を伺います。まずどのような形で実際の政治や政策に影響を与えていると考えますか。

グラットン「人生一〇〇年時代」は非常に政治的なイシューです。もっとも明白なものは定年退職制度です。日本では数年前に定年が六〇歳から六五歳に延長され、現在では七〇歳への延長が議論されています。今の六〇歳は昔の四〇歳と同じなのですから、これは当たり前の選択です。

もう一つは教育制度です。既存の教育制度は、三ステージの人生を前提に設計されています。フルタイムの教育、フルタイムの仕事、そしてフルタイムの引退です。

現在、政府がいう「教育費」とは、三歳から二二歳までの教育費のことを指します。二二歳で大学を卒業すると、政府は「あなたの教育費はすべて払った」と言うでしょう。でも、個人個人が時間の再配分をしなければならないのと同じように、教育の資源も再配分されるべきです。政府は生涯学習をサポートする仕組みを作らなければなりません。その重要性は間違いなく認識していますが、具体的な仕組みに落とし込む必要があります。

――日本のような少子高齢化国家では、寿命が伸びることに対して否定的な反応も見られます。どうしても政府財政のさらなる悪化が想定されるからです。少子高齢化国家は「人生一〇〇年時代」にどう対処すべきですか。

グラットン　先ほどの定年の話につながりますが、六〇代以上の人たちに、生産的な活動をするよう奨励しなければなりません。そして企業もそれをサポートする必要があります。人々が六〇歳で働くのをやめ、かつ出生率が下がれば、待っているのは明白なカタストロフィ（破局）です。

そこから脱する方法は、六〇代以上の人が働けるようにする、そして女性が働けるようにすることしかありません。この二つは、日本で十分に活用されていない資産です。

私は定年制を廃止すべきだと考えています。やる気があれば、七〇代、八〇代でも働ける社会にしなければなりません。今ではロボットがわれわれの仕事を助けてくれます。その結果、高齢者が能力を活用できる範囲も広がっています。

また、女性が働くことも奨励すべきです。日本には女性という類稀《たぐいまれ》なる資産がありますが、十分に活用されていません。私は生産的な女性だと思いますが、もし日本に生まれていたら、この年まで働いていないでしょう。

これまで多くの聡明な日本人女性に会いましたが、彼女らは働いていませんでした。これは日本にとって、明らかな損失です。

ちなみに、日本人には馴染《なじ》みが薄いかもしれませんが、高齢者と女性の活用に加えて第三の方法があります。それは移民の積極的な受け入れです。イギリスは出生率の低下をカバーするため、移民を活用してきました。結果としてイギリスの出生率は急回復をしています。

過去を懐かしんでいる場合ではない

――あなたはさまざまな解決策を提案しましたが、残念ながら今は、「人生一〇〇年時代」について前向きに考える政治家よりも、「あの頃に戻ろう」と大衆を煽《あお》るポピュリズム政治家の方が幅を利かせているように感じます。

グラットン　あなたの言うことは一〇〇パーセント正しいと思います。実は昨晩、イギリスのトップジャーナリスト五人と夕食を共にしました。まさに彼らも同じことを言っていました。

過去に戻りたいという考えは馬鹿げています。いつわれわれは黄金時代を経験したというのでしょうか。一九五〇年代でしょうか。そんなはずありませんよね。われわれの世界は急速に変化しています。過去を見るより、現実を見なければなりません。

しかし政治家は、非現実的な主張に終始しています。たとえばドナルド・トランプ氏は「アメリカの雇用問題は移民のせいだ」と訴えます。しかしデータを見れば、原因は移民ではなく、オートメーション（自動化）の発達です。そしてオートメーションは、逆戻りすることはありません。

ちなみに日本は、オートメーションで世界をリードしています。日本のロボットはどの国よりも発達している。テクノロジーを使って、どう産業を発達させていくか。これこそが政治家が考えるべきことでしょう。過去を懐かしんでいる場合ではありません。

企業と社員は「大人と大人の関係」に移行する

――イギリスもポピュリズム政治家の影響によって、EU離脱が可決されました。

グラットン 私はもちろん反対でした。この大学のどの教授も反対していました。ブレグジット（イギリスのEU離脱）はイギリスにとって「悲惨」というほかありません。フィナンシャル・タイムズ紙のマーティン・ウルフ記者[※1]は、「まるで自分の腕を深く傷つけたようなもの」と表現しています。

かつては、企業と従業員は親子のような関係でした。企業は「親」として、「子ども」である従業員に「君たちは何の選択もしなくていい。やるべきことは何でも教えてあげるから」と言っていました。

しかし現在では、そうした関係は瓦解し、企業と従業員は「大人と大人の関係」に移行しています。私が二〇〇四年に出版した『*The Democratic Enterprise*』（民主的企業：未邦訳）では、まさにそうした変化を描きました。

「大人と大人の関係」では、互いに正直でなければなりません。不都合なことでも「将来こうしたことが起きる」と言わなければなりません。そうして情報を与えた上で、企業は従業員に決断を促す必要があります。

しかし政治家は、人々の目を現実から背《そむ》けさせ、外の敵を設定したり、論点をずらしたりしています。このやり方はひどいです。

ちなみに『ライフ・シフト』共著者の経済学者、アンドリュー・スコットが計算したところによれば、もし一〇〇歳まで生きるとすれば、引退後の蓄えを得るため、われわれのほとんどは八〇歳まで働かなければなりません。

出版後、イギリスの財務省に行ったのですが、官僚からは「こうした本を出してくれて嬉しい」と言われました。なぜなら政治家は「われわれは八〇歳まで働かなければならない」とは口に出せないからです。そんなことを言おうものなら、票を失います。

学者のいいところは、票を気にせずに、真実を言えることです。そして真実をありのままに伝えることは、「大人と大人の関係」を構築する、一番の道だと考えています。

労働市場での交渉力を身につけよ

――あなたは社会の変化に対し、企業や国家の変化が遅いことを指摘しています。なぜそこまで、企業や国家の変化は遅いのでしょうか。

グラットン　たとえばあなたの母親が一〇〇歳まで生きるとしましょう。そのときの政策では八〇歳の平均寿命を想定していたとしても、あなた個人は一〇〇歳まで生きる母親に対応しなければなりません。

つまり、制度面がどうであれ、個人としては目先の変化に対応する必要があります。そのため、個人の変化は早いのです。

しかし企業や国家の場合、社会が変化しているにもかかわらず、「六〇歳が定年です」と言い続けることができます。つまり企業や国家は社会の変化を否定できます。変化を認めず、変化をなかったことにしようとしているのです。

――一向に変わらない企業や国家に対し、個人は何をすべきなのでしょうか。いくら「人生一〇〇年時代」に応じた動きをしようとも、制度が変わらなければ大変だと思いますが。

グラットン　まったくそのとおりです。一つは労働市場に対する交渉力を身につけることです。たとえばヨーロッパを見ると、ＰｗＣやデロイト・トーマツ、ＫＰＭＧといったプロフェッショナル・ファームは、必死に変化をしようとしています。なぜなら、会社を辞める人が増えているからです。

一向に変わらない企業に対して、異を唱える人が増えてくれれば、次第に企業は変わっていきます。だから個人として、会社に対する不満を示す一つの方法は、会社を辞めることなのです。

ただ当然ながら、そうした戦略を取るためには、自分が労働市場で通用する人材でなければなりません。そこで、自分のキャリアを常に考え、新しい知識やスキルを獲得することが求められるのです。

かつては二十代前半までに受けた教育によって、その後四〇年間のキャリアを歩むことができました。しかし現在では、そうした労働者は交渉力を失い、「変わらない企業」と「変わる社会」のギャップに苦しむことになるでしょう。

ただし、私の本音から言えば、企業と従業員が一対一で交渉するような社会は望ましくありません。当然ながら個々の交渉力には差があるため、いたるところで交渉が行われれば、それは全体で大きな格差を生み出すからです。

だから、本来は企業や国家のリーダーが気づき、「人生一〇〇年時代」にふさわしい制度改革を進めるのが望ましい形です。しかしそれはすぐには進みませんから、しばらくは個人として交渉力を強めていくしかないのです。

オートメーションが進み、寿命が伸びた現代においては、われわれは学び続けなければならないのです。

シンガポールと北欧諸国に見る可能性

——ではあらためて、「人生一〇〇年時代」に企業や国家のリーダーに求めるものは何ですか？

グラットン　第一に、国民の生活の現実を認めることです。そして、彼らをサポートする施策を実行しなければなりません。繰り返しになりますが、定年退職制度の廃止は急務です。これほど時代にそぐわない仕組みはありません。

その上で、生涯学習に重点を置くべきです。教育費は何も、子どもたちのためだけに使われるべきものではありません。大人向けの教育プログラムを、国を挙げて構築すべきです。

——あなたの目から見て、「人生一〇〇年時代」への対応がうまくいっている国はどこですか。

グラットン　成功例の代表的なものとして二つの国がすぐに思い浮かびます。

一つめはもちろんシンガポールです。シンガポールでは企業と教育機関、政府がうまく連携して生涯学習に力を入れています。

私はシンガポールの人材開発省に数年前からアドバイスしていますが、彼らは労働市場における政府の役割をよく理解しています。

二つめはフィンランド、デンマーク、スウェーデンといった北欧諸国です。それらの国では教育に大きな重点を置き、ほとんどの女性が働いています。

やり方は国によって異なりますが、たとえばデンマークの教育制度では、子どもを早期から社会でケアする仕組みが整っているため、女性が働きやすい社会が作られています。子どもは保育所で楽しい時間を過ごし、母親は安心して仕事ができます。

また、デンマークやフィンランドの企業は、paternity leave（男性の育児休暇）について非常にポジティブです。男性の育休を会社が奨励し、女性がますます仕事ができる環境が整っているのです。

ただ、これらの成功例は、いずれも小さな国です。率直に言って、国が小さいと政策が実行しやすいのは間違いありません。だからこの仕組みをアメリカや日本のような大きな国で応用できるかと言えば、そこにはチャレンジがあります。

「人生一〇〇年時代」への対応は、遠い道のりです。だからこそ私は本を書き、こうしてインタビューを受け、さまざまな形で声を届けようとしているのです。企業や国家を「人生一〇〇年時代」に向けて作り変える、志あるリーダーが出現することを期待しています。

※1　マーティン・ウルフ：英フィナンシャル・タイムズ紙のチーフ・エコノミクス・コメンテイター。世界で最も影響力のある経済ジャーナリストの一人と言われ、二〇〇〇年には大英帝国勲章を授与された。

Chapter 4

ＡＩ万能時代が訪れ、働き方は根本的に変革する

〝ＡＩが成熟したポストヒューマンのシナリオでは、「人間とは何か」という根源的問題に揺さぶられるのです。今こそ基本に立ち戻って、本当にわれわれが欲するものは何かを考える必要があります。〟（一五〇ページ）

Nick Bostrom

ニック・ボストロム

オックスフォード大学教授
「人類の未来研究所」所長

1973年、スウェーデン生まれ。オックスフォード大学「人類の未来研究所」所長、「戦略的人工知能研究センター」所長。分析哲学のほか、物理学、計算論的神経科学、数理論理学の研究も行う。米国フォーリン・ポリシー誌「世界の頭脳100人」に2度選出されているほか、英国プロスペクト誌「世界思想家」に選定され、全分野でのトップ15および分析哲学では最高のランクに最年少で選出。著書に、『スーパーインテリジェンス』(日本経済新聞出版社)など。

写真：編者

AI（人工知能）が長足の進歩を遂げる中、今世界で最も注目を集めている学者の一人が、オックスフォード大学の若き俊英、ニック・ボストロム教授である。分析哲学のほか、物理学、計算論的神経科学、の研究も手がけ、米国フォーリン・ポリシー誌「世界の頭脳一〇〇人」に二度選出されているほか、英国プロスペクト誌「世界思想家」に選定され、分析哲学では最高のランクに最年少で選ばれた。

＊　＊　＊

そのボストロム氏が、「AIはどのようにして人間の知能を超えるのか」というシナリオを、綿密かつ徹底的分析と理性をもって執筆したのが『スーパーインテリジェンス 超絶AIと人類の命運』（日本経済新聞出版社）である。本書の原著は、二〇一四年秋に上梓されるやいなや、瞬く間にニューヨーク・タイムズのベストセラーとなった。

スーパーインテリジェンスとは、人間と同等以上の知能を持つAIのことを指す。今や、AIが人間の知能を超えることはないと高をくくっている場合ではないだろう。これまで学問の対象にはならなかった「人類の存在論的リスク」を真正面から多面的に研究しているボストロム氏の話に耳を傾けると、それが現実的に十分生じうるリスクであることがわかる。

人類の未来は、「スーパーインテリジェンス」の到来によって大きく変わる。ボストロム氏は、スーパーインテリジェンスが到来し、安全な運用が実現できた場合は、すべての人が恩恵を受ける、と言う。AIが労働を行い、人類は娯楽文化を深める活動をする——そんな「AIユートピア」が出現する可能性を氏は示唆する。

しかし、それには「AIを人類が望む方向に設計する」ということが大前提となる。そうであるならば、いずれ人類がぶち当たる可能性のある最大の難問、「AIをいかにコントロールするか」という問題について今から考えても早すぎることはない。

＊　＊　＊

ボストロム氏がスーパーインテリジェンスの出現の可能性を提唱することで、AIの開発研究において、安全性の確保がいかに重要であるかが広く認識された。人類の叡智を結集した知力を凌駕《りょうが》するスーパーインテリジェンスが出現した場合、人類は滅亡の途を辿るのか。

ボストロム氏は、人類の存在論的リスクについて、オックスフォード大学の彼の研究室で、冷静かつ熱く語ってくれた。

――ご著書『スーパーインテリジェンス』のテーマである、人間と同等以上の知能をもつ「スーパーインテリジェンス」については、いつから考え始めたのですか。

ボストロム　物心がついたときから、といっても過言ではありません。将来スーパーインテリジェンスが出現すれば、恐らく人類史上最大の危機になるだろうと考えていました。私は一九九〇年代半ばくらいからスーパーインテリジェンスについて考察していて、それをテーマにした本も執筆していました。

――ＡＩ（人工知能）研究の中で、とりわけ何に関心をおもちなのでしょう？

ボストロム　基本的にはＡＩの能力全体に関心がありますが、ＡＩをいかに安全に運用するか、ということです。ＡＩに自分がして欲しいことを何でもやらせる方法には、インテリジェンスをもっと注ぎ込んでも良いと思っています。つまり、人間が持つ価値観にＡＩが足並みをそろえるようになることです。われわれはそうしたことを可能にするアルゴリズム[※1]を、より深く理解しようと研究しています。

人類を超える知能をわれわれは制御できるか

――実際にスーパーインテリジェンスが現れるまでには、どれくらいの時間がかかると思いますか。

ボストロム　スーパーインテリジェンスの「到来日」については、かなり広がった確率分布の視点から見るべきです。明確なことはいえませんが、『スーパーインテリジェンス』を書いてから（英語版は二〇一四年九月出版）私の予想していたタイムラインは縮まりました。ここ数年のディープラーニング（深層学習[※2]）の進歩は目まぐるしく、当初の想定よりかなり早まっています。

――スーパーインテリジェンスのコントロールの問題についてお聞きしたい。AIが一度スーパーインテリジェンスのレベルに達すると、人類をコントロールするパワーをもちますね。

ボストロム　非常にパワフルなものになると思います。ゴリラではなく、今人類が地球上で最も強いように……。ゴリラよりも、われわれの方が知能に優れ、テクノロジーを発明し、複雑な政治組織を形成し、将来の計画を立てることができます。

現在のゴリラと人間の関係同様、人間よりもはるかに頭がいいスーパーインテリジェンスが未来を形成する立場になる可能性があります。

だからＡＩの未来を作るときに、スーパーインテリジェンスの好みがわれわれの好みと確実に一致するように設計した方がいいのです。スーパーインテリジェンスの思考をわれわれの価値観や意志の延長として形成できるかが鍵となるでしょう。

――スーパーインテリジェンスが人類を支配するリスクや恐怖があるのに、なぜ人類はそこに到達しようとテクノロジーを進展させているのでしょうか。

ボストロム　それに到達するまでに得ることが多いからです。科学や医学などの分野においても、マシンインテリジェンスが役立つ可能性があります。

たとえばメールをゴミ箱に分けるスパム・フィルタを使うとき、間違いが少ない方がいい、と誰もが思います。だから、メールをゴミ箱に入れるべきかを正確に判断可能な優れた分類プログラムを欲する。自動運転の自動車の場合、目的地により正確に到着することよりも、ぶつかる回数が少ない方がいい。開発の途中で段階的な進展をすることには明白なアドバンテージがあります。

そもそもＡＩ開発の当初の目的は、特定の仕事を自動化するマシンを作ることではなく、人間ができることをすべて代替できる汎用人工知能を作ることでした。しかし、その開発に成功したら人間はどうなるかについて、われわれはこれまで真剣に向き合ってこなかったのです。

――汎用人工知能ができれば、われわれは怠惰になるかもしれません。

ボストロム　そうですね。もし汎用人工知能が実現してガバナンス（統治）の問題も解決できたとすると、すべての人が恩恵を受けます。ＡＩが平和な目的のために使われ、皆が大金をもち、すべてのことが処理できる、間違いなく良いシナリオにみえます。

ただ、ＡＩが何でも行ってくれる世界で、はたして人間は何をするのか、という問いが残ります。われわれの労働や努力が余剰になる世界において人間の役割は何か、ということです。ユートピア（理想郷）の中で人生の意義や目的をどうやって見つけるのでしょうか。この問題は現在進行中のことですが、一定の方向性はある、と私は楽観しています。

一家の大黒柱になることや社会に貢献することで自尊心を得る今の人間の志向を、子どもが小さなことで喜びを得ることを奨励するような、娯楽文化を深める方向に変えていくのです。それは文化の根本的変革を意味しますが、探求すべき大きな可能性があると思います。

――AIにはわれわれの社会のすべてを変えるポテンシャルがあるということですね。

ボストロム　ええ。しかも変えるのは社会だけではありません。人間を生物学上の有機体（生命体）と考えると、医学研究、生物学研究など、すべての研究が対象になります。テクノロジカルな成熟に達すると、われわれは世界の一部になり、その役割は一定の制限の中で何をするかにすぎなくなる。ＡＩが成熟したポストヒューマンのシナリオでは、「人間とは何か」という根源的問題に揺さぶられるのです。今こそ基本に立ち戻って、本当にわれわれが欲するものは何かを考える必要があります。本当にわれわれが欲するものは何か、「すること自体が目的になっている」ことがなくなったとき、本当にしたいことは何か？　こういうことは追究すべき興味深い問いだと思います。

一方、スーパーインテリジェンスに到達する前に解決しなければならない、技術面でのコントロールの方が喫緊の課題だと思います。哲学的な問題はわれわれがまだ生きていれば、子孫に委託する余裕がありますが、技術は取り返しのつかない側面を持つからです。

――ボストロム教授が所長を務めるオックスフォード大学「人類の未来研究所（Future of Humanity Institute）」について、改めて教えてください。

ボストロム　この研究所にはコンピュータ・サイエンティスト、数学者、哲学者、エンジニアなど多岐にわたる分野の専門家が所属しています。研究課題は、人類に関する大局的な問いについて検討することです。ＡＩがわれわれの未来を破壊する可能性はあるのか、テクノロジーが何らかの方法で「human nature（人間の本質）」を変える可能性があるかなどについて考えています。

研究員の数は約二〇人ほどです（二〇一八年二月末時点）。ＡＩに関する研究では、グーグル・ディープマインド（イギリスの人工知能企業）と共同リサーチセミナーを実施しており、そのほかにも多くの協力者・企業が存在します。

私たちの研究所は、二つの異なるグループから構成されています。一つは、論理的なコンピュータ・サイエンスのテクニカルな面に重点を置き、研究しているグループ。もう一つは、マシンインテリジェンスの政治的・社会的意味合いを調査するＡＩプログラムです。

――だから、さまざまな分野が関わる学際的なアプローチを取っているのですね。

ボストロム　そうです。それぞれの分野間の相乗効果もあります。どの方向にわれわれが進むべきか大局的な視点を持つためには、一つの変数を見るだけでなく、その相互作用を見極める必要がある。ＡＩの場合、テクニカルなチャレンジとより大きな戦略的チャレンジの双方を考慮し、両者が一つの世界観に適合するようにしなければなりません。

人類滅亡リスクのシナリオ

――ご著書で述べられている「cosmic endowment（宇宙資源の賦存《ふぞん》量、CE）」とは何でしょうか。

ボストロム　CEとは、宇宙に膨大な資源の貯蔵があることです。われわれの銀河系には何百億という恒星があり、理論上は地球から始まった文明から届く星雲が数千億あります。もし将来、成熟したテクノロジーを開発すれば、この莫大な量の物質やエネルギーを人類が利用できるかもしれない。基本的なテクノロジー上の能力は物理の法則と合致しています。その膨大な量に比べれば、今われわれが持つ資源はパンくずのようなものです。もしわれわれが時期尚早に地球を破壊した場合、現在もっている資源のみならず、CEという無限の可能性も失うことになります。人類の存在論的リスク（滅亡リスク）と関係している問題なのです。

――人類の滅亡というと恐ろしいですが、どんなシナリオが想定されるのでしょうか。

ボストロム　一つは、自然から生じるリスクです。地震、嵐、火山爆発、捕食者の出現のほか、一億年ごとにアステロイド（小惑星）が隕石となって地球に衝突する可能性があることがわかっています。しかし、人類は一〇万年ものあいだ、これらすべてを切り抜けて生き残ってきました。自然災害などのリスクは、一〇〇年単位でみれば非常に小さいといえます。過去一〇万年そういう自然現象がわれわれを破壊するのに失敗したなら、これからの一世紀の間にはわれわれを破壊しないでしょう。

一方、われわれはイノベイティブな活動を通して、まったく新しい種類の現象をもたらしています。この一世紀で人類は核兵器を発明しましたが、一〇〇年前は核兵器や生物兵器、AIについて誰も知らなかった。今世紀、人類滅亡のリスクがあるとすれば、それは人間の活動から生まれるでしょう。

人類の存在論的リスクというテーマは、学問の研究対象となることは少なく、驚くほど無視されてきました。学問の世界では、フンコロガシなど考えられるものはすべて研究の対象になるのに、人類の未来については伝統的に研究の対象になっていなかったのです。それを同僚たちと協力して変えようとしています。この状況を打開するために、私たちの研究所では分野横断的な研究を進めているのです。

――人類滅亡について、具体的にはいくつくらいのシナリオが考えられますか？

ボストロム　それはどれくらい細かく切り分けて考えるかによります。複数のテクノロジーからのリスクがあると言えますし、先ほど述べたように「自然からのリスク」対「人間からのリスク」という二つの分類をすることもできます。また対立や戦争行為から生じるリスクもあります。これは人間が兵器を使って意図的に破壊を引き起こすことです。

兵器といっても多くの異なる種類の兵器があります。原則として将来の大戦争では大量破壊を引き起こす新しい方法を発見するバイオ・テロリストも出てくるでしょう。このような特定のリスクをすべてまとめて、悪意によって加速させれば、リスクの範囲が非常に大きな固まりになります。ですからどのようにリスクを分類するかによって二つの場合もあれば一〇〇〇の場合もあるでしょう。

――人類滅亡のリスクとして、核戦争がもっとも迫った危機であるといえますか。

ボストロム　核戦争が勃発したからといって、必ずしも人類の終焉をもたらすわけではありませんが、多くの死者が出ることは間違いないでしょう。アメリカの天文学者カール・セーガンは、核戦争によって地球上に大規模な環境変動が起き、人為的に氷河期が発生する「核の冬」という概念を提唱しました。核戦争による人類の存在論的リスクは一定程度あるでしょうが、地球規模で試されたことがないので、実際はどうなるかわかりません。人類を破滅に導くのは核兵器ではなく、今の人類が想定していないような、さらに強力な兵器かもしれません。

――AIにおける人類の存在論的リスクについてはいかがですか。

ボストロム　AIは人類の存在論的リスクを増大させるかもしれないし、減少させるかもしれないという二律背反性をもっています。自分たちが何をしているのか十分に理解してAIを開発すれば吉と出るでしょうし、その逆もまた然りです。

遺伝子改変で「質の高い」人間が造られる未来

――いかなる科学技術も諸刃《もろは》の剣《つるぎ》です。進歩による恩恵の方が害より多くても、その害が危険を及ぼすのであれば、われわれは開発を止める、あるいは遅らせるべきだと思いますか？

ボストロム　思いません。さまざまなテクノロジーについて、ケースバイケースで見なければいけないと思います。予防接種は圧倒的にプラス面が多い一方、化学兵器については多くの人がマイナス面を強調するでしょう。

さらに重要な問いは、テクノロジーが早く開発されるか遅れて開発されるか、ということです。たとえば、破壊的なテクノロジーXと、それに対して保護的なテクノロジーYがあるとします。XとYどちらが先に開発されるかで、テクノロジーを制御できるかが変わってきます。

――近い将来、あるいは遠い将来、意図しない結果が出てくるかもしれません。どうしたらいいのでしょうか。過ちが起きたときは、「時すでに遅し」かもしれません。

ボストロム　ＡＩについて言うと、われわれがフォーカスしているのは、ＡＩが開発されたあとに影響を与えるということではまったくありません。われわれがやろうとしていることはいくつかあります。一つはＡＩの倫理観の整合性というフィールドの研究を進めていくことです。つまり、ＡＩを本当に賢くする方法を探る研究をもっと奨励していく。その賢いＡＩが、われわれが意図していることをいかにして確実にできるのか。そうした方向に導くための研究です。

また、ＡＩ開発にとってどういう社会状況が理想的なのか、探ることもできます。戦略的な問いは何か。われわれがＡＩをきちんと制御できるとして、ＡＩが一つの特定の会社や国に対してではなく、人類すべての恩恵になるように使われるように、異なる重要なアクターが、より協力的な環境を作るためには、先だって何ができるか。こうしたことを考えていくのです。

――undo（元の状態に戻す）できるテクノロジーもあれば、undoできないものもありますね。

ボストロム　そうです。ＡＩはまさに不可逆的なテクノロジーなので、初期設定に注意しなければなりません。

――将来、危険性が出てくるテクノロジーとして、受精卵の段階で遺伝子を改変するゲノム編集[※3]が話題になっています。

ボストロム　遺伝子改変による能力増強はすぐにでも実現する可能性が高い。初期段階ではまず、自らが望む遺伝子の選択が行われるでしょう。体外受精によって多くの受精卵を用意し、それらを遺伝子検査してどれを着床させるか決める。より質の高い受精卵を選んだり、複数の世代にわたって遺伝子選択を繰り返したりすることもできます。

交尾以外には、ペトリ皿のなかで、数週間で次世代をつくる方法があります。人工配偶子を生成し、半年にわたって一〇世代を経て、質の高い人間をつくるシナリオを思い描くことができます。そうすると、人類史上最も知能が高い特質をもつ遺伝子型を生み出すことが可能になるでしょう。

もちろん、これが世界に大きなインパクトを与えることについて考えると、それほど早くは進まないでしょう。仮にこうした「知能が高い人間をつくる」遺伝子の操作が現在可能であるとして、それが大規模に実施されたと想定しても、人間が成長するまでは物理的に二〇年はかかります。ですから、実際に世界に影響を与えるまでかなり時間がかかるでしょう。実現するのはおそらく二十一世紀の後半になると思います。

――人工配偶子ができると、人類における世代の概念が崩壊しますね。

ボストロム　ある意味ではそうです。短期間で複数の世代の配偶子選択ができます。遺伝子工学のテクノロジーが、遺伝子選択をまったく廃《すた》れたレベルにするほど成熟するかもしれません。ゲノムを思いどおりに構築することができれば、受精卵を多くつくって選択する必要もない。これがどれほど簡単にできるかはまだ技術的な面で不確実です。

今はクリスパーという遺伝子編集の技術がありますが、オフターゲット作用（意図していない部位に変異が生じること）があります。数個の遺伝子を変えることはできても、ゲノム全体を思いどおりにつくることはできません。遺伝子工学のテクノロジーが著《いちじる》しく進展すれば可能性はありますが。

――遺伝子工学のテクノロジーが進んでいる頃には、AIの技術がどこまで進歩しているか想像もできません。

ボストロム　人間がAIに対抗しようと自らの知能を増大する方法を開発すれば、そのぶんAIに追い越される速度が速くなる、というジレンマをわれわれは抱えています。われわれが賢くなればなるほど、われわれよりもさらに賢いAIをつくり出しやすくなるからです。

人間の知能の増大はよいことかもしれませんが、賛否両論があります。われわれに永久にAIの一歩先を行くアイデアがあれば理想ですが、それは不可能です。ただ、マシンインテリジェンスの第一世代をデザインしつつあるときは、人間の方が確実に優秀な期間だといえます。

AIの安全性を確保する仕組みとは

――AIを危険な方向にもっていく研究を取り締まるべきだと思いますか。

ボストロム　AIを開発している人たちと同時に、その安全性をいかに担保するかについて考えている人たちがいます。両者は同じチームであるべきだし、同じ人物だと理想的です。この二つの研究を、それぞれ敵対する陣営にやらせてはいけません。

私たちの研究所では、人類の公益のために実行できる方法を考えています。最終のAIを構築する特定のグループに事前にコミットして、人類のために役立つように方向付ければ、誰もがウィン－ウィンのシナリオになります。競争の激しさが開発の最終段階で緩やかになることもメリットの一つです。

もし世界中の五〇のAI開発グループが互角で競争しているとすると、その競争における安全性は最低レベルのものだといわざるをえない。セーフガード（安全装置）を開発して自らのシステムをテストする時間を取っていたら、ほかのグループが追い越して先に目的を達成してしまうからです。
どのチームが開発しようと、最後に半年なり一年なり踏みとどまって、安全性をチェックする機会があると望ましいでしょう。そのグループが勝つとみんなが得をすると感じれば、実現性は高まるでしょう。

――AIにおいて特許はどういう役割を果たすと思いますか。

ボストロム　特許も競争を減らす一つの方法になるかもしれません。競争の激しさを緩和できる要素は、特許による保護のほか、不均衡な資源、ハードウェア量の相違、能力のギャップ、運などです。
重要なテクノロジーの場合、通常、発見の時期はある程度分散されます。二〇のチームがそれぞれ一日違いで発見するようなことはまずなく、数カ月や数年の期間があきます。特許があれば、その期間の幅を大きくする可能性が出てきます。ただし、特許を取得したあとほかの人たちに使わせないようにするためには、ガバナンス上の解決が必要でしょう。テクノロジーの効用を共有することにいかにしてコミットできるかということをわれわれは考えています。

――ＡＩの研究を密かに行い、抜け駆けをする人たちも現れるのでは？

ボストロム　ＡＩはもともとオープンな研究分野であり、近年、透明性がさらに増しています。たとえば、アップル社は数年前まで、競合企業の意表を突くために閉鎖的なＡＩ研究を進めていました。アップル社のＡＩ研究者は、自らの研究成果を論文として発表することも制限されていた。

しかし、そうすると、優秀な研究者を採用するのが困難になることに彼らは気づきました。誰しも自らの成果を世に出したいと思うものです。アップル社はそれまでの方針を変え、現在はオープンな文化が根付きつつあります。ＡＩがさらに戦略的に重要だと企業に認識されれば、ますます透明性は増していくでしょう。

オックスフォード大学、ボストロム氏の研究室での取材風景。

※1　アルゴリズム：コンピュータのプログラムに組み込むことのできる計算式。

※2　ディープラーニング：コンピュータの計算機能の向上とインターネット上での膨大なデータ集積が可能になったことによって実用化した機械学習の一つ。画像や音声の認識など、人間が行うことをコンピュータが実行できるよう、学習させる手法。

※3　ゲノム編集：DNA（遺伝子）切断酵素により、特定の遺伝子を思いどおりに改変することができる技術。

Chapter 5

テクノロジーは中流階級を豊かにしない

〝まさにテクノロジーこそ、格差を生み出す根源になっているのです。人口の半分が新しいテクノロジーがもたらす恩恵に与《あずか》れない場合を考えてみてください。それだけで経済成長率は半分になります。〟（一七三ページより）

Daniel Cohen

ダニエル・コーエン

「ル・モンド」論説委員
パリ高等師範学校経済学部長

1953年、チュニジア生まれ。フランスを代表する経済学者であり思想家。エリート校であるパリ高等師範学校（エコール・ノルマル・シュペリウール）の経済学部長。2006年には、経済学者トマ・ピケティらとパリ経済学校（EEP）を設立。元副学長であり、現在も教授を務めている。
専門は国家債務であり、経済政策の実務家としても活躍している。また、「ル・モンド」紙の論説委員である。
著書は多数あり、アメリカをはじめ世界十数カ国で翻訳出版されている。邦訳書には、『迷走する資本主義』（新泉社）、『経済と人類の1万年史から、21世紀世界を考える』（作品社）、『経済成長という呪い―欲望と進歩の人類史』（東洋経済新報社）などがある。

写真：編者

ダニエル・コーエン氏は、フランスを代表する経済学者であり、同じく経済学者のジャック・アタリ氏と並び、欧州を代表する思想家である。

エリート校であるパリ高等師範学校（エコール・ノルマル・シュペリウール）の経済学部長で、二〇〇六年には、『21世紀の資本』（みすず書房）の著者トマ・ピケティらとパリ経済学校《EEP》を設立した。

コーエン氏の前著『経済と人類の1万年史から、21世紀世界を考える』（作品社）は、欧州でジャレド・ダイヤモンド氏の『銃・病原菌・鉄』（上下巻・草思社）を超えるベストセラーとなっている。

＊＊＊

経済成長と幸福の関係は、現代において避けては通れないテーマである。高度成長期においては、経済が成長してテクノロジーが発達すれば、生活は便利で豊かになり、幸福感も増すと概《おおむ》ね考えられていた。だが現代では、経済成長に比例して幸福を感じることはできない。テクノロジーが発達しても幸福感がない。なぜだろうか。

コーエン氏は、その理由について、テクノロジーが一部の人にしか恩恵をもたらさないからだ、と喝破する。テクノロジーは経済成長をもたらすが、その果実を甘受できるのは、ごく一部の人たちであり、富はそこに集中する。アメリカで格差が進んでいるのは、まさにテクノロジーによるものなのだ、と。

さらに、コーエン氏は、幸福の追求とは快楽の「ランニング・マシーン」のようなものだと言う。それに乗って走り出すと、足元のベルトコンベアは無限に動き続け、どんなに走り続けても常に出発点に位置し続ける。歴史を振り返ると経済成長は、幸福という目的を達成する手段ではないことがわかるというが、人が経済成長を求めるかぎり、成長は私たちの無限の欲望と化す。

＊　＊　＊

コーエン氏もリンダ・グラットン氏と同じようにガンなどの病気で死ななければ人類は一〇〇年くらい生きるようにできているという。AI（人工知能）がこれからの五〇年において、人類に革命を起こすことは間違いないが、AIを利用して生産できる価値は無限であるとコーエンは言う。ではわれわれの未来はどうなるのか。その恩恵を受けるのはほんの一部の層だけだろうか。

経済成長と幸福、テクノロジーを巡る、コーエン氏のスリリングな論考にお付き合いいただきたい。

――テクノロジーの急速な発達にもかかわらず、なぜ経済成長が低迷していると思いますか。

コーエン　これはある種のミステリーですが、重要な問題です。新しいテクノロジーが活況を呈《てい》しているのに、なぜ経済成長が爆発的に起こらず、下降気味のように見えるのか。それに対する私の回答を述べる前に、アメリカの経済学者ロバート・ゴードン氏の考えを紹介しましょう。

一八七〇年から一九七〇年のあいだに、人々の生活には驚くべき変化が起きました。一八七〇年には、人々はみな田舎に住み、馬がそこらじゅうにいました。そこに五〇年ほどで電気が通り、ラジオ、映画が発達し、自動車、飛行機が普及し、抗生物質が使用されるようになった。まさに怒涛《どとう》の変化です。

それに比べると、新しい消費社会がもたらしたのは、基本的にスマートフォンです。スマートフォンさえあれば、テレビを見たり、データを収集したり、人と話したり、ほとんど何でもできます。ただ、過去の偉大なイノベーションと比べると、それほど大きなものではありません。これがゴードン氏の考えです。この説で、経済成長が芳《かんば》しくない理由をある程度理解できます。五年ごとに新車に買い替えると新しいテクノロジーを楽しめますが、このような歴史的なイノベーションと比べればそれほどの感動はありません。

過去の産業革命は、アメリカやヨーロッパで一人当たり年に平均二パーセントほどの成長率を一世紀にわたってもたらしました。日本も同じくらいの成長率であるはずです。その成長率から高齢化や国の借金、格差などのコストを引いていくと、手元に残るのは〇・五パーセントくらいです。それが、現在われわれが住んでいる世界だとゴードン氏は主張しています。

社会を豊かにするテクノロジーと、格差を生み出すテクノロジー

コーエン　さらに、私にはもう一つ別の方程式があります。新しいテクノロジーが人間労働を補完する方法を見つけるまでには時間がかかる、ということです。成長を維持するには、テクノロジーだけでは十分ではありません。労働者の生産性を上げるテクノロジーが必要ですが、現在は労働者の生産性を上げるよりも、新しいテクノロジーが労働者に取って代わる面の方が多い。

なぜアメリカで格差がこれほど拡大しているのか。新しいテクノロジーから恩恵を受ける人はごくわずかです。企業を掌握する経営者や投資家（資本家）は恩恵を受けます。他方、秘書の仕事一つとっても、それがコンピュータでできてしまうものであれば、もう必要ないかもしれません。新しいテクノロジーは、そういう職業を脅《おびや》かすものになっている。もちろん、テクノロジーが取って代わることができない職業に就《つ》けば、脅かされることはありません。老人介護もロボットだけでは無理です。そういう、「人対人」の仕事は消えません。

つまりは、テクノロジーが多くの格差をもたらし、多くの人が取り残された、ということです。そういう人たちに対し、テクノロジーは何の利益ももたらさなかったと解釈できます。直接テクノロジーの恩恵を受けている人の生産性は向上しても、その範囲は限られるということです。（一八七〇年から一九七〇年の間に起きたような）歴史をつくったテクノロジーは、その恩恵が中流階級にも広く行き渡りました。一方で新しいテクノロジーは、その恩恵が中流階級にはそこまで行き渡っていないというのが私の解釈です。

経済学者らは労働人口の分極化の話をします。トップ一パーセントの層である偉大なアーティスト、サッカー選手などは、何十億人ものテレビ視聴者によって、収入が増えていきます。新しいテクノロジーが世界に行き渡る範囲と彼らの収入増には相関関係があります。

まさにテクノロジーこそ、格差を生み出す根源になっているのです。人口の半分が新しいテクノロジーがもたらす恩恵に与《あずか》れない場合を考えてみてください。それだけで経済成長率は半分になります。

一生懸命働きさえすれば報われるという考えは幻想だった

――働いてもっと稼ぎたいというのは、人間の根源的な欲望ですが、これは経済成長に寄与しませんか。

コーエン　人間は基本的生活にかかわる欲求を満たすと、あるいはそれ以前の段階であっても、激しい欲望を抱くようになるものです。何かを達成すると、さらに欲望が出てきます。われわれが行き着きたいところには際限がないということです。この五〇年間、われわれの文明が混乱しているのは、この際限のない欲望も原因のひとつだと思われます。五〇年前を見てみましょう。一九六八年五月のフランスでは学生運動が活発でした。日本でもドイツでもそうです。アメリカではバークレーでベトナム戦争に反対するデモがありました。

産業文明が終焉を迎えているのではないか、という感覚が当時はあった。次に一体何が起きるのだろう、とみんなが思っていた。パリのカルチェ・ラタンでの暴動[※1]に加わった学生などは、何か異なった時代へ移ることができると感じていたのです。

六〇年代の大衆文化は歌やドラッグ、セックスに溢れていました。ポスト物質主義の時代が来るとみんな感じていて、物質主義を超えて生きることを良しとしたのです。

しかし、この文化は長く続きませんでした。七〇年代になると職に就けるかを心配するようになった。経済成長率が下がり、六〇年代には軽蔑された文明の物質主義的な面が八〇年代には突如として重要になったのです。生計を立てたければ、労働と努力は貴重であり、物質主義が終わったと思うべきではない、ということです。

こうした保守的な革命は現実に多くの格差をもたらしました。「働きたいという欲望によって、われわれは一つに団結したコミュニティを形成できる」という考え方が、今議論している格差の台頭によって、いわば粉砕されたのです。つまり、経済成長は一般人には関係ないということです。一生懸命働けば、お金が儲かると信じること自体が未熟な考え方なのです。世界はそのように機能していません。

「もっと働けばもっと稼げる」ということは、アメリカだけでなく、ほとんどの国の人が実行しました。でもそれは新しい経済成長を生み出さなかった。新しい成長を生み出したのは、あとからやってきた新しいテクノロジーです。ただ、そのテクノロジーは非常に破壊的であり、どう関わったらいいのか、正確にはわからないまま現在に至っています。

——幸福の追求とは、快楽の「ランニング・マシーン」のようなもので、どんなに努力しようとも、いつも出発点に位置し続けると、博士はご著書『経済成長という呪い』で述べられていますね。

コーエン　それは現代社会ではますます顕著で、人々は自分が欲するものがわからなくても、他人が持っているものを欲しがります、誰かが自分の前に立つと、あなたはその人よりも先に行きたいと思う。そうやって前進しているという錯覚を抱きながら働いているうちはいいですが、こうした錯覚を失うと、上の者はつねに上にいて変わらないという現実に、社会的に脅かされた気持ちになってしまうのです。

現代社会に成長が必要なのは、「社会的出世の道が開けている」とすべての人に感じさせることが重要だからです。「出世街道を歩む能力をすべての人に提供している」という感覚を与えなければならないからです。民主主義的価値観は、そうでない国にさえ及んでいる。そして、経済成長だけが、そうした感覚を生み出すことができるのです。

ポスト工業社会では、人間は半分情報になり、操作される存在に

――ご著書のなかに映画『ブレードランナー』[※2]（一九八二年）の話が出てきます。近未来を描いている映画です。私は先日この映画の脚本家であるハンプトン・ファンチャー氏にニューヨークでインタビューしました。博士は次の社会はどんな社会になるとお考えですか。

コーエン　ポスト工業社会には、すでにデジタル経済という名前が付いています。このデジタル経済とは何か。自分の働く領域において、「規模の経済」を築く方法を見つけなければならない、ということです。わかりやすく言うと、私が一人分の仕事をした場合には、成長は起きません。二人、三人、四人、五人分の仕事を一人でできるようになれば、その分成長できるということです。

デジタル経済では、まさにわれわれ自身がデジタルになれ、と求められています。言い換

えれば、われわれ自身が、ＡＩ（人工知能）によって操作できる「情報」になるということです。『ブレードランナー』のような近未来を描く映画は、人類とサイボーグとデジタル情報の最先端領域が融合した世界を見せてくれます。われわれは半分情報になり、半分人間になります。これが現実になると、「規模に関して収穫逓増《ていぞう》」の論理が働くのがわかります。

――いわゆる「収穫逓増の法則」ですね。投入された生産量と同じかそれ以上、成長が見込める。

コーエン　人が半分情報であるとすると、ＡＩはいとも簡単に「あなたはこれをすべきです。ほかのことは忘れなさい。重要な達成がなされたときに、私に報告しなさい」というようになります。血圧でも何でも、あなたがその「情報」であるとしたら、たやすく操作されるでしょう。

（現代のような）ポスト工業社会では、人間を人間として扱うと、成長できる方法が限られているのがわかります。ですから、こうした「人間自身を情報にする」ということが、デジタル経済を成長させる方法となるはずです。『ブレードランナー』での未来についての考えは、まさにデジタル経済で考えられていることです。

――「シンギュラリティ」[※3]で有名なレイ・カーツワイル氏の未来予測について、博士はどう思いますか。

コーエン カーツワイル氏の予測はミスリーディング（誤解を招く恐れがある）だと思います。彼の言う「トランス・ヒューマニズム」とは、生産性をさらに高めるにはもっとテクノロジーを組み入れないといけないというビジョンです。経済成長をするには人間の努力とテクノロジーの融合が必要で、人間の努力だけでは不十分。トランス・ヒューマニズムは起こるかもしれない。ただ、それは明らかにパラドキシカル（逆説的）な世界のビジョンです。

それはまるで、一五年ものあいだチェスの世界チャンピオンのタイトルを保持し続けたガルリ・カスパロフ氏に対して、もしDeep Blue（IBMが開発したチェス専用のスーパーコンピュータ）に勝ちたかったら、サイボーグになれと言っているようなものです。それは間違っています。正しい方向とは、カスパロフ氏に「あなたのスキルとコンピュータがお互いに補いあうように、コンピュータを使いこなしてください」と要請することでしょう。

今求められるのは、われわれがコンピュータに勝つことでも、あるいはコンピュータそのものになることでもありません。われわれの「人間性」(manhood)を、コンピュータによって明確にすることだと思います。

たとえば、もし建築家であれば、実際に家を建てる前に、依頼者にそれを見せたいと思うでしょう。テクノロジーによって、実際にそれは可能になっています。

医師についても同じです。AIを使うことで、標準的な治療のプロセスが確立できるのであれば、医師はより難しい治療について適切な解決法を見つけるべく、それに専念できます。医師にはサイボーグになって欲しくありません。

――われわれすべてがサイボーグになる、という考えはどうでしょうか。そうすれば、不老不死社会が実現するかもしれません。

コーエン　これからの五〇年という近未来においては、われわれ自身がサイボーグになるのではなく、ロボットやAIとかかわる新しい方法を見つけることになるでしょう。医学の世界にいる私の仲間は、人間が不死身になることはないと言っています。新しい医学は、早く死にすぎないようにするのが目的であって、二〇〇歳まで生きることが目的ではないと彼は述べています。われわれがサイボーグになるという考えは、今の文明が達成しようとしている視点から見ると、間違ったビジョンではないでしょうか。

人類は一〇〇年くらい生きるようにできています。誰もが確実に一〇〇年生きることができるようにするには、ガンやアルツハイマーのような病気で死なないようにしなければなりません。もし誰もがさらに二〇年生き延びて、一二〇歳まで生きることができるようになれば、それはそれで社会学的なショックになります。でもそれは可能なことです。

高齢化社会・日本はロボット先進国になれる

――日本は長期停滞を経験していますが、最近、数字上はよくなっているようです。しかし、一般国民にはその実感がありません。

コーエン　それはどこでも同じです。フランスは一九七〇年の時点と比べると、二倍豊かになっていますが、誰もそう思いません。重要なことは、富のレベルではなく、あなたの認識のレベルが上がったから、ということです。認識が上がっていくプロセスはゆっくりとしていて、劇的なものではありません。

たとえば、スマートフォンにどれだけ価値を置きますか。最初の三年間は大きな価値を感じるでしょうが、やがて、スマートフォンがあるのが当たり前になってしまいます。とはいえ、もし私があなたからスマートフォンを取り上げたら、あなたはとても不満に感じますよね。最初は新しかった物でも慣れてしまうと、さらに新しい物が出てこないと以前よりも欠乏感を抱きます。このことと同じパラドックスです。

――博士は日本社会にどういうイメージを持っていますか。日本社会は「繊細な振る舞いにまで決まりがあり、身分が固定された社会」であると、ご著書で指摘されていますね。

コーエン　日本について非常に興味深いことは、八〇年代に「ジャパン・アズ・ナンバーワン」として、アメリカを乗っ取る一つの経済大国として見なされたことです。それについての本はたくさんあります。実際に日本はアジア経済の代表的な存在（gold standard）になりました。日本は中国や韓国、香港、台湾など近隣諸国のモデルになった。商品を輸出することで成長できる証拠として、日本がモデルになったわけです。戦後の日本は国としてハンディキャップがあった。それでも、競争できることを証明しました。

八〇年代に日本が果たしていた役割を、現在では中国が演じています。日本にとっては気に障《さわ》るでしょうが、人類の歴史にとって日本は多大な貢献をしました。つまり、「追い付く方法」があることを示したことです。二十世紀において、これほど早く頑張って経済大国になったのは日本だけです。他に例がありません。

しかも国内の伝統を保護しながら、modernity（現代性、現代的なもの）をうまく結合させることができたのは、ユニークです。

――過去の栄光の話ですね（苦笑）。

コーエン　たしかにそれから金融危機がやって来て、バブルが弾けた。このとき、日本が次のリーダーになる可能性はなくなりました。ただ、それは日本経済が好調ではない、ということではありません。

他の先進国に比べて、日本が際立って異なる点は、移民の決定的な欠如です。他の先進国は、移民があちこちから入ってくることで社会を変化させてきました。アメリカでもヨーロッパでもそうです。

一方で、日本はわれわれと同じように高齢化社会です。労働力の不足を補うため、ロボットの活用についてはどの国よりもイノベイティブです。将来ロボットが労働力に置き換わる方法については、日本はどの国よりも進んでいる気がします。

——たしかに現在の日本は空前の人手不足です。それは移民の制限と高齢化によって必然的に生じているものですが、そのためロボットの活用についてイノベイティブになっている、というのは皮肉かもしれません。

トップが総取りする構図はますます加速

——話は変わりますが、GDP（国内総生産）は経済成長を測るのに重要なインディケーター（指標）です。しかし、GDPの測定には、経済活動に関するすべての要素が入っていないという人もいます。博士は、GDPの測定方法を変えるべきだと思いますか？

コーエン　ＧＤＰはそのままであるべきだと思います。お金に関するすべてのやりとりが含まれますから、ＧＤＰの情報は重要です。

しかし、お金が絡んでこないものもあります。たとえば、家事労働はＧＤＰに含まれません。また、昔ならお金を支払って人にやってもらうようなことを今はインターネットを介して自分でできてしまう。しかしオンラインで完結してしまうことは、ＧＤＰに反映されません。お金を支払わないで、オンラインで行えることはたくさんあります。とはいえＧＤＰは、お金のやりとりは反映されるので、それはそれとして算出方法を変えるべきではないと思います。

――ＡＩがこれからの革命を担うと思いますが、トップがすべてを手に入れ二番以下はゼロ、つまりトップが総取りという「パヴァロッティ効果」はますます深化するでしょうか。

コーエン　ＡＩがこれから五〇年間、すべての局面で物事を変えていく革命を起こすことは間違いありません。パヴァロッティ効果とは、イタリアの歌手ルチアーノ・パヴァロッティのような最高のアーティスト以外のＣＤは売れない、ということです。ＡＩが発達すればするほど、その方向に傾いていくでしょう。

トップのみが総取りする構図は、世界の企業を見れば一目瞭然《いちもくりょうぜん》です。どの分野でもトップ企業のシェアはますます増えています。

それらの企業にはテクノロジーを駆使する人が他企業よりも多いことがいちばんの要因でしょう。その昔、アメリカで「ビッグ・スリー」と言えば、三大自動車会社のフォード、ＧＭ（ゼネラル・モーターズ）、クライスラーのことでした。それが今は、アマゾン、グーグル、アップル、フェイスブックと、ＩＴ企業に取って代わられました。

このＩＴ企業の従業員数は自動車大手と比べて半数以下ですが、株価は一〇倍以上です。彼らはまさに革命となるＡＩを駆使しているので、人員を多く割く必要がありません。ＡＩを利用して生産できる価値には限界がないのです。

経済成長の限界は「ムーアの法則」が当てはまると思います。経済成長はムーアの法則によって動いています。

この法則はシリコン半導体の集積度が二年でほぼ二倍になるという経験則ですが、価格対性能比にすると、一八カ月で二分の一になるということです。物理の法則では、今のスピードで行くとこれが使い果たされるまでさらに一世紀かかります。われわれが達成しようとしていることを超えるには量子物理学が必要です。量子コンピュータ[※4]がやって来るのは、もう目前です。そして、それが今の成長の限界ともなるでしょう。

もちろん環境に対する制約もあります。それはまったく異なることですが、増えるものもあれば、減っていくものもあります。減るものとして肉の消費の可能性があります。車も減るでしょう。二酸化炭素を多く出す、あまり役に立たないものの消費も減ることが考えられます。

一方でデジタル経済は、現在われわれの経済をけん引しており、予測できる限界はありません。専門外のことですが、その点については物理の法則が当てはまって限界が来ることはないと理解しています。

――世界のデジタル化によって雇用の四七パーセントが脅かされると書かれていますね。

コーエン　これは先ほど話題にのぼったレイ・カーツワイル氏への私の答えになりますが、われわれがコンピュータになることではなく、ロボットに対して相対的なアドバンテージを見つけることが重要です。チェスや囲碁など、達成したいことがわかっている場合、ロボットやコンピュータはわれわれよりも効率よく達成できます。どういう状態になれば勝つということがわかっているからです。

でも、われわれがやっていることのほとんどはそういうことではありません。人間はある意味でend product（最終製品）です。目標が曖昧である場合、人間が必要なのです。

※1　カルチェ・ラタンでの暴動：パリの学生が、当時のド＝ゴール政権の教育政策に異を唱えた学生運動を指す。カルチェ・ラタンにはパリ大学をはじめ、高等教育機関が集中し、一九六〇年代には反体制学生運動の中心地となった。その後、運動はフランス全土に広がり、社会変革を求める大衆運動へと発展した（五月革命）。

※2　ブレードランナー：フィリップ・K・ディックのSF小説『アンドロイドは電気羊の夢を見るか？』を原作としたアメリカ映画。近未来のロサンゼルスを舞台とし、感情を持つに至ったアンドロイド（人造人間）と人間の戦い及び葛藤を描く。

※3　シンギュラリティ：技術的特異点。ＡＩが人間の脳を超える知能を獲得し、文明に測り知れない変化をもたらすという仮説。二〇四五年に到来するという予測もある。

※4　量子コンピュータ：量子力学の原理を使って、従来のコンピュータに比べて超高速で計算ができるようになると言われているコンピュータ。

Chapter 6

北朝鮮は核開発をあきらめない

〝今の状態では、北朝鮮は非核化の合意をしたとしてもまた破ります。成功の鍵は――もし成功の鍵というものがあるとすれば――核抑止力以外の手段を見つけることです。「北朝鮮のレジームは転覆されない」という保証を彼らに与えるための、何らかの代替手段を探すということです。〟（一九七ページより）

William J. Perry

ウィリアム・J・ペリー

元アメリカ国防長官
スタンフォード大学教授

1927年生まれ。'45年、アメリカ陸軍工兵隊として沖縄に駐在。'77年、カーター政権の国防次官に、'93年にクリントン政権の国防副長官、翌年に国防長官に就任。'94年、国防長官として、核開発を進める北朝鮮との外交交渉にあたり、米朝枠組合意を結んで危機回避を成功させた。核不拡散に務め、退任後も「核なき世界」を実現するために活動を続けている。著書に『核戦争の瀬戸際で』(東京堂出版)などがある。

写真：編者

東アジアを巡る国際情勢が目まぐるしく変化している。

特に二〇一七年から二〇一八年にかけての北朝鮮の動向には、誰もが意表を突かれたのではないだろうか。連続的なミサイル発射によって挑発行為を続けていた金正恩《キムジョンウン》が、突如二〇一八年四月、朝鮮半島全体の非核化を目指す意思を表明したのだから。

ドナルド・トランプ米大統領も、この予想外の急転換に度肝を抜かれたに違いない。

＊　＊　＊

ウィリアム・J・ペリー氏はビル・クリントン政権時に国防長官を務めた。一九九四年、北朝鮮が瀬戸際外交を演じた際には、ペリー氏は徹底して外交的解決をめざしたが、軍事的オプションも選択肢の一つとしてあったという。当時も現在と同じく北朝鮮は核開発を進めており、米、韓、日と北朝鮮の軍事的緊張はピークに達していた。

結果的には外交交渉の末、「米朝枠組合意」[※1]が結ばれたが、もしその合意に至らなければ戦争になっていた可能性もある、と氏は語る。二〇一八年一月の取材時、九〇歳を迎えていたペリー氏は、国防長官在任時から絶えることなく、核不拡散の情熱を内に静かに燃やし続けていた。

二〇一八年の北朝鮮「非核化」宣言は東アジアの国際情勢において大きな転換点とな

る可能性を秘めている。ペリー氏は今回の非核化宣言は経済支援を引き出すためのポーズである、と喝破するが、真の意味で北朝鮮を非核化することはできないにしても、少なくとも当面の米朝戦争のリスクは低下したと言えるのではないだろうか。

＊　＊　＊

なお、本インタビューは本書の中で唯一、国際政治についてのイシューを扱っている。本書の底流に流れる「AIとの格差」という問題意識とは多少趣を異にするが、未来の日本及び東アジアを考えるうえでもっとも重要な問題の一つであることは間違いない。果たしてわれわれは「核なき世界」を実現することができるのだろうか。

特筆すべきは、ペリー氏が一貫して「偶発的戦争」が起きる可能性を懸念している点だ。歴史を繙《ひもと》けば、人間がいかに愚かな間違いを犯してきたかという例は枚挙に暇がない。国防長官として数々の生々しい外交交渉の現場に対峙してきたペリー氏の警鐘は、重く響く。

朝鮮半島に真の平和が到来するかどうか、ドナルド・トランプ大統領の手腕が試されるのはこれからだ。

――二〇一八年四月、北朝鮮の金正恩委員長と韓国の文在寅《ムンジェイン》大統領が、南北の国境線上にある板門店で劇的な南北首脳会談を果たしました。それまでの強硬姿勢と打って変わったこうした姿勢に、世界は驚かされました。これまで頑として核兵器開発を諦めようとしなかった金正恩は、なぜ韓国との首脳会談に応じたのでしょうか。北朝鮮への経済制裁が効果をもたらしたのでしょうか。

ペリー　金正恩は核による抑止力――熱核兵器、弾道ミサイル、大陸間弾道ミサイルを含む核兵器――の主要な構成部分を完成させました。北朝鮮の経済と、世界における彼の国の地位をかなり犠牲にして、これらを行ったのです。これからは、「重要ではあるが核保有に比べると二の次」となっていた目的に集中したいと考えています。彼はこれから、北朝鮮の安全保障を固持しつつ、経済上の恩恵と世界的地位を得ることに取り組んでいくでしょう。それは達成可能ではありますが、長い道のりになる可能性が高い。しかし、アメリカは早急な非核化を期待しています。

北朝鮮の非核化は経済支援を引き出すポーズ

――金正恩の真の思惑はどこにあるのでしょうか。

ペリー　当面の彼の目的は、十分な抑止力となる核兵器を保持しながら、非核化による経済上の恩恵を得ることとです。それは、北朝鮮が韓国と良好で強固な南北関係を築き上げ、アメリカから脅かされない保証を得るまで、すなわち、彼が「正常化」を達成するまで、ということになります。現に、二〇一八年五月一六日には、「北朝鮮が、米韓の空軍の合同演習に反発して韓国との閣僚級会談を中止した。アメリカに対しても、米朝首脳会談の中止の可能性をちらつかせてけん制している」というニュースが報じられました。その後も金正恩とトランプ大統領との「駆け引き」は続いています（二〇一八年五月時）。

こうした北朝鮮の「脅威外交」を見るにつけ、非核化への道のりは遠く、容易ではないことに気づかされます。

金正恩は今のレジーム（政治体制）を維持することにより高い価値を置いています。核兵器がレジームの維持に対して大いに寄与していると彼は判断しているのです。レジームの安定のために経済面で貧窮を極める状況に陥っていることは、金正恩の言動からも明らかです。

――金正日《キムイルソン》も含めて北朝鮮の指導者たちは、ミサイル開発に関する合意をすべて破ってきました。開発をやめさせるためには、何をすべきだったと思いますか。

ペリー（民主党政権時の）一九九九年にアメリカは北朝鮮と交渉をもちました。もしそれが妥結していれば、核開発を北朝鮮にやめさせるチャンスはあったと思います。しかし、アメリカは二〇〇一年に身を引きました。共和党政権に代わったときです。米朝間の合意が成功したかどうかはわかりませんが、チャンスがあったことも確かです。

その交渉の目的は、単に核兵器から手を引かせたり、ＩＣＢＭ（長距離弾道ミサイル）の開発をやめさせたりすることだけではありませんでした。北朝鮮の安全保障を別の方法で提供することも焦点となっていました。

当時も今も、私の考えは同じです。北朝鮮に安全保障を与える別の方法を見つけないかぎり、彼らは核開発を続けるでしょう。当たっているかどうかは別として、北朝鮮はこの数十年間にわたり、「アメリカは軍事的に彼らのレジームを転覆《てんぷく》する方法を見出そうとする意図がある」と疑っています。そして核プログラムや核兵器の開発が、そうしたアメリカの行動を抑止できるとみているのです。今の状態では、北朝鮮は非核化の合意をしたとしてもまた破ります。成功の鍵は――もし成功の鍵というものがあるとすれば――核抑止力以外の手段を見つけることです。「北朝鮮のレジームは転覆されない」という保証を彼らに与えるための、何らかの代替手段を探すということです。

真の非核化を実現する最後のチャンスはどこにあったか

――まさに北朝鮮にとって、核開発はアメリカに対する牽制《けんせい》なのですね。しかし、そんな北朝鮮に対し、アメリカは戦争直前の状態にまで至りました。一九九四年春のことです。それが回避できた理由は、北朝鮮に対して軍事的行動も辞さないというアメリカの「coercive diplomacy（強制外交）」が功を奏したからでしょうか。当時、国防長官だったあなたの言動には、世界中が注目していました。

ペリー　大野さんが言ったように、当時、われわれは北朝鮮との戦争開始寸前にまで至りました。実際に戦争になっていたとしても、核戦争は起こらなかったでしょうが、韓国や北朝鮮は破滅的な事態に陥っていたでしょう。九四年末の米朝枠組合意は、そのような戦争を実際に避けたという点で重要です。

この合意には、二つの要素がありました。一つはハード・アグリーメント（ハード面での合意）と呼んでいるものです。つまり、韓国と日本が北朝鮮に軽水炉を建設し、アメリカが燃料を提供する。その代わりに、北朝鮮は寧辺《ニョンビョン》の核施設を閉鎖するというものでした。このハード・アグリーメントは順守され、韓国は実際に軽水炉建設を開始しました。予定より遅れましたが、かなり進んだのです。アメリカも原油を提供して、北朝鮮は寧辺の核施設を閉鎖しました。

さらに、私がソフト・アグリーメント（ソフト面での合意）と呼ぶものがあります。つまり、米韓日は北朝鮮の体制を転覆させることはないと信じさせることです。実際、われわれは単なる休戦ではなく、和平合意に達しようとしていました。平壌《ピョンヤン》にアメリカからの代表を置き、それがいずれ大使館につながるようにと話し合い、関係者と共同経済プログラムについて協議を進めていました。こうしたソフト・アグリーメントこそ、北朝鮮をもっと安心させられたのかもしれません。しかし、われわれは、このソフト・アグリーメントを最後までやり通すことができませんでした。当時のクリントン大統領が二枚舌を使って、合意を反故《ほご》にしたからではありません。クリントン大統領は実現させるつもりでしたが、議会の反発があまりにも大きく、それに屈したのです。

――その後、事態はどのように進展したのですか。

ペリー　前述したように、九九年から二〇〇〇年にかけて、われわれはもう一つの合意に達しようとしていました。その合意はソフト面をさらに強調したものです。北朝鮮が「ノーマルな国」になるのを助けるように設計されたものでした。日韓と北朝鮮とのあいだの経済的な分野において、アメリカが行う計画も多くありました。たとえば、平壌にアメリカ大使館を設置することです。

二〇〇一年に、クリントン政権がその合意に署名する計画がありました。しかし、結果的に署名することはありませんでした。もし署名していれば、状況は大きく変わっていたかもしれません。あとから振り返れば、このときが北朝鮮とうまく合意する最後のチャンスだったと思います。その合意では少なくとも、北朝鮮が現実として抱える安全保障問題に対処しようとしていました。そうした意味でも、成功する可能性があったということです。もちろん、その合意によって歴史が変わっていたかどうかは知る由もありませんが。

――朝鮮戦争は休戦で終わっています。つまり朝鮮戦争は正式に終わっていない、ある意味でまだ続いているということでしょうか？

ペリー　それもまた対北朝鮮問題の一部です。その時期に形成した、いかなる合意の中でも、朝鮮戦争の終え方を含めるべきでした。実際、われわれが九九年に行った提案にはそれが明言されていました。正式な合意をもって朝鮮戦争を終え、代表を平壌に送ってアメリカ大使館を設置するという文言が入っていました。すべて実行されていれば、状況は変わっていたでしょう。北朝鮮が近隣国を脅かすのではなく「ノーマルな国」になるには必要なことでした。

米朝戦争が起きれば、死傷者は数百万人に及ぶ

――一九四年、実際に米朝戦争が始まっていれば、アメリカは完全に北朝鮮を破壊していたでしょう。核兵器の開発もそこで止めることができたとは言えませんか。

ペリー　そのとおりです。われわれが北朝鮮を破壊することで、核兵器の保有をやめさせることはできたでしょう。しかし、北朝鮮には韓国や在韓米軍、日本の都市に多大なダメージを与える能力がありました。朝鮮戦争に相当する死傷者が出たでしょう。おそらく死傷者は一〇〇万人に達したと思います。核兵器の保有こそ阻止できたとしても、その代償は計り知れません。

死傷者のほとんどは韓国人となるでしょうが、日本人やアメリカ人も犠牲になります。仮にアメリカが軍事的な選択をいいアイデアだと考えたとしても、犠牲の矢面に立つのは韓国人です。アメリカが韓国の望まない戦争を仕掛けることはありえませんでした。北朝鮮を破壊すれば、韓国もまた多大な犠牲を払うことになります。私は、そうしたアイデアをリアル

な選択肢とは考えていませんでした。

――トランプ大統領はツイッターで「二、三日で北朝鮮を破壊することができる」と言って北朝鮮を挑発していました。

ペリー　核兵器を使えば、一日で北朝鮮を破壊できるでしょう。しかし、アメリカは東京やソウルに北朝鮮の核ミサイルが撃たれるのを防ぐことはできません。ですから、それをやるべきではありません。アメリカ人に対する危険もあります。

――北朝鮮を短期間で破壊できたとしても、日韓の死傷者はやはり多く出るのでしょうか。

ペリー　北朝鮮はすでに核ミサイルをもっており、東京やソウルを攻撃することができます。アメリカが北朝鮮に与えるダメージを別にして、何百万人もの死傷者がわれわれの同盟国である韓国や日本に出るということです。長距離弾道ミサイルによって、おそらくアメリカにもダメージを与えるでしょう。

――北朝鮮の攻撃は防げない？

ペリー　北朝鮮が先にミサイルを発射することはないでしょうが、もし攻撃を受けたら、できるだけ多くのミサイルを発射しようとするでしょう。そのミサイルは巧妙に隠されており、やはり発射を防ぐことはできません。私が今話しているのは一年先のことではなく、まさに今日のことです。

偶発核戦争は起こり得る

――二〇一八年一月一三日、ハワイで弾道ミサイル発射の誤報が州の緊急事態管理庁（EMA）から発信され、たいへんな騒ぎになりました。何か得る教訓はありますか？

ペリー　いかなる国のリーダーも、他の国に対して核戦争を始める意図はないと思いますが、誤算や何かの偶発で核戦争が勃発する危険は存在します。偶発的な核戦争が起きるもっとも蓋然性《がいぜんせい》の高いシナリオが、誤報に反応することです。
われわれのシステムは誤報を防ぐように設計されています。非常に優れたシステムですが、必ずしも適切に動くとは限りません。まさしくハワイのケースは、ヒューマン・エラーに加え、機械が適切に設計されていないことが重なって起きたのです。
アメリカ西部に位置するコロラド州には、アメリカに向かって発射されたミサイルを探知し、警報を発するシステムがあります。間違いが起こるのを防ぐように設計されている点で、ハワイのシステムよりもはるかに優れています。それにもかかわらず、この五〇年間で私の知るかぎり、三回も誤報を出しています。どれも大規模のミサイル群がロシアからアメリカに向かって発射されたという誤報です。幸運にも、どの誤作動のときも、反応する前に人間が介入してエラーであると結論づけました。

——どのケースでも対応を誤れば、アメリカは反撃していたかもしれないということですか。

ペリー 三回の誤報のうち一つは、アメリカが危うく反応しそうになるくらいリアルなものでした。偶発的に核戦争を始めていた可能性はあります。ですから、危険はつねに側《そば》にあったのです。それは間違いありません。

——核兵器が安全保障にどう影響を与えるかについては、少なくとも二つの見方があります。核兵器がなければわれわれはもっと危険な状態になる、という見方に対し、核兵器はもはや安全保障を提供するどころか、われわれをもっと危険にさらす、というのがあなたの結論です。アメリカ政府はそのことを理解していると思いますか。また、トランプ大統領はどうでしょうか。

ペリー　アメリカ政府の中には多くの人がおり、理解している人もいますが、必ずしも合意は取れていません。トランプ大統領についてはわかりませんが、彼は少なくとも理解していることを示してはいません。

人間は再び過ちを犯す

——二〇一八年一月一三日のご自身のツイッターで、「過去にも偶発的な戦争は起きており、人間は再び過ちを犯す。われわれはたんに過ちが起きないように祈るだけではなく、それ以上のことをしなければならない」とつぶやかれています。具体的に何ができるのでしょうか。

ペリー　今、政治的リーダーはその危険性を理解していないので、政治的行動を起こすことは非常に難しい。何ができるのか、ここで具体的な行動について話すことはできますが、われわれのリーダーを含め、一般にその危険性が理解されないかぎり、政治的行動までには至らないでしょう。そこで私は、政治的行動ではなく、教育（啓蒙）に努力を捧げています。もちろん、政治的行動を期待することもできますが、それは遠い将来のことです。教育というのは長いプロセスですが、その危険性について、まず人々を啓蒙しなければなりません。

――スタンフォード大学で現在、核兵器についての講座をもっていますね。

ペリー　私は長年、スタンフォード大学で学生たちに核兵器の危険性について教えています。それは一つの啓蒙の形です。しかし、一度の講座で数百人しか教えられず、これでは不十分であるという確信に至りました。そこで最初のステップとして、本の執筆を考えたのです。それが『*My Journey at the Nuclear Brink*』です。邦訳版『核戦争の瀬戸際で』（東京堂出版）が出版されたばかりなので、近いうちに日本に行って、広報活動をしたいと考えています。

——邦訳版には特別に「将来的に核戦争が起これば、それは死と破壊にとどまらず、文明の終焉をもたらす」ということが書かれていました。北朝鮮による核攻撃の脅威にさらされている日本人として、決して軽視できない警告として受け止めました。

ペリー　本を出版することで、少なくとも数千人を啓蒙することができます。

また、啓蒙のためにはインターネットも役立ちます。本に書いたことをネットで拡散することで何百万人もの人を啓蒙できます。私は毎日、インターネットを通じて情報を拡散し、多くの人々を啓蒙する活動にほとんどのエネルギーを費やしています。たとえば、オンライン・クラスの講座では、最初の二回分を誰でも無料で見ることができます。このオンライン講座を世界中に広めるにはどうしたらいいか、いつも考えています。

「金正恩は最も成功しているCEOだ」

――専門家の中には、金正恩は自分の手で朝鮮半島の統一を成し遂げたいという野望に取りつかれているという人もいます。

ペリー　その証拠はありません。もし彼に朝鮮半島統一の野望があったとしても、それが達成できる可能性はまったくありません。

彼の目的は、自分のレジームを維持できる確証を得ることです。「金王朝」が永久に存続することを信じたいということです。

――北朝鮮を核保有国として認めた方が、核をもたせないようにするよりも、はるかに簡単だという見方があります。インドやパキスタンも核保有国であり、北朝鮮もその仲間入りをさせた方がいいという意見です。

ペリー　北朝鮮、パキスタン、インド。これらの国が核兵器をもっているのは事実です。だからといって、彼らを核保有国※2（nuclear power）とわれわれが呼ぶべきであるかどうかは、政治的なイシューです。彼らが核兵器をもっているという事実は重要ですが、核保有国だと認めるのは別問題です。

――ただ、アメリカは、インドやパキスタンに核兵器を放棄するように言いませんね。

ペリー　インドやパキスタンを核兵器不拡散条約のメンバーとして認めるかどうかには重要性があります。われわれは認めることを拒否しました。彼らが核兵器を保有しているのは事実ですが、核保有国と認め、核兵器不拡散条約のメンバーとして受け入れることができるか、ということです。

――フォーリン・アフェアーズ誌に「金正恩は最も成功しているＣＥＯである」という内容の記事が出ましたが、これは彼が交渉においてつねに優位に立っている、ということでしょうか。

ペリー　まず、北朝鮮のレジームが「クレイジーだ」（常軌を逸している）と主張する人がいますが、われわれは金正恩が結果を達成するのに成功していることを知っています。それはクレイジーな政府の特徴ではありません。金正恩は自分のカードをとても賢く使って、目的のほとんどを達成している。そうした傾向にあることは同意せざるをえません。

ただ、彼の最重要目的はレジームを維持することなので、もし核兵器を使えば、その目的を達成できなくなります。つまり、彼は理性的なプランも用意しており、そのプランがある限り、一方的に核兵器を使うことはないでしょう。

金正恩はクレイジーではないという意味は、彼は合理的に自分の目的を追求しており、その意味ではクレイジーではない、ということです。

――北朝鮮が多くの日本人を拉致《らち》した目的の一つは、日本との交渉で優位に立つためだと考えている人もいますが。これも合理的な行動であると言えますか。

ペリー　もしそれが北朝鮮の目的なら、何も成功していません。拉致は北朝鮮に何のアドバンテージも与えていないからです。
なぜ北朝鮮が危険で軽率な行動をとったのか、私にはまったく理解できません。

テーブルの表には外交があった

――今振り返ってみて、北朝鮮に対してするべきことは何であったと思いますか？

ペリー　あの二〇〇〇年の合意に署名すべきだったと思います。もし署名していたら、北朝鮮を止めることができたかもしれない。どちらにしても、その後の状況はかなり変わっていたはずです。署名によって、北朝鮮が今やっていることを一〇年遅らせることができたでしょう。その合意では、核実験や長距離ミサイルのテストができなかったわけですから。つまり、今の状態にまでは至っていないということです。

とは言え、われわれが言っていることは、いわゆる「歴史のｉｆ（イフ）」、もしもの話にすぎず、証明はできません。北朝鮮が核兵器を保有しており、核兵器を発射する多くのミサイルをもっているという現実に、われわれは直面しなければなりません。

――ティラーソン国務長官（当時）は、「すべての選択肢がテーブルに載っている」と北朝鮮について発言しました。金正恩は、その発言を真剣に受け止めたのでしょうか。あるいは話半分として、受け止めているのでしょうか。

ペリー　政治的リーダーが「すべての選択肢がテーブルにある」というときは、「私はこれから何をしたらいいのかわからない」ということを言い換えているに過ぎません。ですから私は、ティラーソンの発言を真剣に受け止めていません。

――しかし、あなたは国防長官として九四年当時、まさに軍事的オプションをテーブルに載せていたわけですよね？

ペリー　テーブルに載っていたのは、あくまで通常の軍事行動です。核兵器ではありません。たしかに通常兵器を積んだ巡航ミサイルを使って平壌を攻撃する用意はできていました。それでも、あくまで外交優先で、攻撃を実行したいとは考えませんでした。実際に北朝鮮を攻撃すれば、韓国が多大な被害を受けることがわかっていたからです。北朝鮮が戦争に勝つことはありえませんが、何十万人という犠牲者を出したでしょう。そのため、平壌を攻撃することは選択肢には入っていましたが、テーブルの奥にしまっていたのです。つまり、テーブルの表には外交があった。だからこそ、「すべての選択肢がテーブルにある」という言葉を使わなかったのです。

また、核兵器の使用については最初からテーブルにはなく、その選択が考えられたこともありません。

※1　米朝枠組合意：北朝鮮が核開発を凍結する代わりに、米国が軽水炉建設を支援し、代替エネルギーを供給する合意。

※2　核保有国：核兵器を保有している、または、核兵器開発のための核実験を行っている国。核兵器不拡散条約に規定されている米国・英国・ロシア・フランス・中国のほか、インド・パキスタンなどがある。

Chapter 7

民主主義を揺るがす「ホワイト・ワーキング・クラス」という人々

〝アメリカの白人中流階級の日常は、アメリカンドリームと乖離しつつあります。一九四〇年代に生まれたアメリカ人のほとんどは、最終的に自分たちの親よりも収入が多くなっていますが、今日では親より収入が多い人は半分以下になっています。〟（二二〇ページより抜粋）

Joan.C.Williams

ジョーン・C・ウィリアムズ

カリフォルニア大学労働生活法センター
初代所長

カリフォルニア大学ヘイスティングズ校法科大学院労働生活法センター初代所長。過去四半世紀にわたり女性の地位向上に関する議論において中心的な役割を果たし、『ニューヨーク・タイムズ・マガジン』でこの分野における「ロックスター的存在」と紹介された。
邦訳書に『アメリカを動かす「ホワイト・ワーキング・クラス」という人々——世界に吹き荒れるポピュリズムを支える“真・中間層”の実体』(山田美明・井上大剛訳、集英社)など。

写真：編者

二〇一六年のアメリカ大統領選挙では、多くのメディアや有識者は「ヒラリー・クリントン氏[※1]の当選」を予想していた。同年一一月、トランプ氏陣営が勝利を収めたとき、ほとんどの専門家は「信じられない」という反応だった（対して筆者はドナルド・トランプが大統領に選出されることを同年六月の時点で予想し、七月に『アメリカはなぜトランプを選んだか』〔文藝春秋〕を開高一希のペンネームで上梓していた）。

ヒラリー・クリントン氏自身は自分の敗北は、ジェームズ・コミーFBI長官（当時）が投票日の一一日前に私用メール問題の再捜査を通知する書簡を議会に送ったことを明らかにしたことだと断言しているが、実際はそれほど単純な話ではない。トランプ氏が勝利した背景には、アメリカにおいてこれまでスポットがあてられてこなかった、さまざまな社会変化がからみあっていると言ってよい。

＊　＊　＊

ジョーン・ウィリアムズ氏はヒラリー・クリントン氏の敗北の要因の一つが「階級に対する無知」であるとし、特にトランプ氏を強く支持する「ホワイト・ワーキング・クラス」の存在が重要であるとする。彼らは家族のため、国の繁栄のために、粉骨砕身《ふんこつさいしん》で働いてきたのに、「アメリカンドリーム」を実現できないでいるからだ。

この「ホワイト・ワーキング・クラス」はかつて、アメリカの製造業の発展を支えてきた人々である。アメリカ人の五三パーセントにあたる、労働者階級、つまり中流階級の白人たちだ。しかし、グローバル化や産業構造の変化により、「自分の親たちよりも経済的に成功する」割合は半数に満たず、多くが貧困層へ滑り落ちたり、自分の子どもたちが貧しくなっていくのを目《ま》の当たりにしている。

＊　＊　＊

彼らは、自らの腕で財を築いた富裕層（トランプ氏はもちろんその一人である）に対しては「アメリカンドリームの実現者」として敬意を抱く。しかし、彼らを「こき使う」工場の監督や、看護師（ワーキング・クラス）に対して無礼な言い方をする医師などの専門職（プロフェッショナル）に対しては怒りを感じている。

こうした白人労働者層、すなわち「ホワイト・ワーキング・クラス」は何を求めているのか。現代のアメリカに生じている、知られざる重要な一面を教えてくれるインタビューである。

——米大統領選におけるトランプ氏の勝利の要因の一つがホワイト・ワーキング・クラスの怒りであったことに、多くの人が賛同しています。ホワイト・ワーキング・クラスとは、どんな人たちのことを指すのでしょうか。

ウィリアムズ　アメリカ人の五三パーセントを占める中流階級をワーキング・クラス（労働者階級）と定義します。この層にいる人々をわれわれは労働者階級と呼びますが、実際は中流階級のことです。アメリカ人は労働者階級という言葉を一貫性なく使います。ちなみにエリート層が労働者階級という言葉を使うのと、中流階級層が労働者階級という言葉を使うのとは違う意味が生じてきます。私がホワイト・ワーキング・クラスとするのは、平均世帯年収が七万五〇〇〇ドル（約八〇〇万円）より少し多い、アメリカ人の五三パーセントに当たる中流階級にいる白人です。

——約五〇パーセントもの中流階級すべてが白人というわけではありませんよね？

ウィリアムズ　中流階級はすべての人種を含みます。もちろん白人労働者階級と有色人種労働者階級の違いは少しあります。しかし、類似点の方が多い。その中で白人労働者階級がこれほど重要である理由は、彼らがドナルド・トランプ氏を担ぎ上げ、大統領にした集団だからです。

――白人の割合はどのくらいになりますか？

ウィリアムズ　それは大野さんがご存じでしょう。私はわかりません。白人が占める割合は州によってかなり異なります。アメリカの大統領選挙のプロセスとして、候補者指名までの各州での党員集会と予備選挙があり、党大会で正式に代表が決まってから、直接票を入れて大統領を選べる「大統領選挙人」を一般の有権者の投票により州ごとに選出する仕組みがあります。この選挙人数は州別に人口比で割り当てられ、ほとんどの州では勝者が選挙人票を総取りできます。つまり、州ごとにどの候補者に票を入れるかが決まり、民意を反映させられるということです。州のパワーが強いので、地方の白人労働者階級の人の票数が多く数えられるようにできています。ですから、選挙結果を全米地図で色別に表すと、両海岸沿いと島々が青（民主党）に染まる一方で、内陸部はすべて赤（共和党）に染まっています。その結果は全般的に白人中流階級の人たちによるものです。

一握りのエリートへの「富の移転」が起きている

——先ほど、ホワイト・ワーキング・クラスの怒りについて触れましたが、彼らは具体的には何に怒っているのでしょうか。

ウィリアムズ　トランプ氏の選出につながったのは、まさにアメリカ内陸部数州の約七万七〇〇〇票でした。そのほとんどが白人中流階級です。彼らの日常は、アメリカンドリームと乖離しつつあります。一九四〇年代に生まれたアメリカ人のほとんどは、最終的に自分たちの親よりも収入が多くなっていますが、今日では親より収入が多い人は半分以下になっています。もし自分がそういう立場であれば、怒りたくもなりませんか？　怒りの原因はたくさんあります。第二次世界大戦後の何十年かは、経済成長とともに賃金も上がっていました。それが続いていれば、賃金は今の倍になっていたはずです。基本的な構図として、中間層から一握りのトップ・エリートへの大規模な所得の移転が起きている。彼らの怒りは当然でしょう。

――それでも、そうした中間層の人々は、ほんの一握りの超富裕層を尊敬していますよね。

ウィリアムズ　確かにそうですね。そこは理解に苦しむところかもしれません。彼らは富裕層を尊敬している一方で、プロフェッショナル（専門職）に対しては怒りを感じている。プロフェッショナルというのは、彼らをこき使う工場の監督や、看護師に対して無礼な言い方をする医師たちなどです。とくにプロフェッショナルと多く接する機会のあるブルーカラー（生産現場での肉体労働者）やピンクカラー（サービス業の人たち：店員、銀行の窓口係、ウェイター、ウェイトレスなど）は日々、プロフェッショナルに見下されていると感じています。プロフェッショナル自身、プロフェッショナルに見下されていると感じていますから、彼らがそう思うのも当然かもしれません（笑）。

また、私が「階級移民」と呼んでいる人々のケースもあります。階級移民というのは、ブルーカラーの家に生まれ、プロフェッショナルになった人たちのことです。多くの階級移民の人々が、大学で教授に見下したような口の利き方をされたと話しています。

かつてアメリカのプロフェッショナルは、ワーキング・クラスの仕事の高潔さを称賛していましたが、一九七〇年くらいから、ブルーカラーの男性のステレオタイプは、かなり侮辱的なものになりました。七〇年代に『*All in the Family*』[※2]という有名なテレビドラマがありましたが、ワーキング・クラスの男性を人種差別主義者、女性差別者であり、かつバカで太った人だと描写していました。

多くのブルーカラーのアメリカ人は、プロフェッショナルになりたいとは思っていません。彼らはありのままの自分で生きていきたい。すでに独自のカルチャーの中で居心地良く暮らしており、それを名誉にすら感じている。わざわざ知らないカルチャーに飛び込みたいとは思わないのです。

――ワーキング・クラスとプロフェッショナルの間には、かなり深い溝がある印象ですね。

ウィリアムズ　多くの点において、ワーキング・クラスとプロフェッショナルの生活は、文化的にかなり異なっています。プロフェッショナルは個人の業績、功績、自己開発にかなり重点を置いており、すべての分野で先端を行きたいと思っている。一方、中間層は安定と自己鍛錬にかなりの精神的な重点を置いています。この安定というのがとくに大事に考えられていて、彼らの生活を精神的に支えているのです。

このような両者の価値観の違いは、お互いにパターン化された文化の相違につながっているのです。食べ物一つとってもそうです。中間層は、時代や世代を超えて長く好まれてきた、いわば実証済みのものをたっぷり食べたいと思っているのに対し、エリートはまだ実証されていない新しい食べ物を少しずつ食べるのが好きです。その方が洗練されていると考えるのです。

――ではなぜそうしたエリートたちではなく、中間層の方がよりトランプ氏を支持しているのでしょうか。

ウィリアムズ　彼らにとってアメリカ人であるということは、たんに「自分らしい自分である」ということです。トランプ大統領はまさにその層にしっくり適合したのです。彼の話し方は、ぶっきらぼうで直接的ですが、それがワーキング・クラスのアメリカ人には高く評価されている。一方でオバマ前大統領の話し方は、エリートそのものでした。とても計算された、思慮深い話し方で、しかも伝えたいことが明確にある。

アメリカンドリームはすでに神話と化した

——日本でアメリカンドリームといえば、労働者階級の家に生まれても、出世街道を上って成功できるとイメージされています。これはもはや神話ですか？

ウィリアムズ　神話でしょう。われわれの国は、多くのほかの産業国よりも社会的流動性は低い。ワーキング・クラスの多くは、どこかでアメリカンドリームを夢見つつ、自分の両親よりも少し成功すればいいと思っています。そして現在、彼らが強い憤りを感じているのは、そのための地歩すら失い、貧困に向かって滑り落ちているからです。また自分の子どもたちが中間層から脱落していくのを目の当たりにしたからです。

――つまり、アメリカンドリームはもう死んだと。

ウィリアムズ　まだまだ健在です。もともと、ただの夢なのですから（笑）。でも残念ながら、アメリカの現実はとても厳しい。問題の根底にあるものは、前述したように、両親より経済的に成功する確率が中間層で五〇パーセントもないことです。これは深い苦悩の源です。

――最初から夢がたんに夢にすぎないことを知ったら、残るのは絶望、そして怒りだけかもしれません。

ウィリアムズ　アメリカのエリートは、自分たちが「社会の不平等」を理解していることに誇りをもっているでしょうが、そもそも出発点が違います。プロフェッショナルになったり、管理職についたりすると、自分の頭脳がもっとも優れているがゆえだ、と思うでしょうが、それは違います。「社会階級」の重要性を理解するためには、生まれたときにすでに三塁にいたことを認めなければなりません。つまり、自分で三塁打を打ったから三塁にいるのではなく、最初から三塁にいたということです。生まれたときに塁に出ていない人と比べると、ホームベースを踏む確率ははるかに高いことを認めないといけません。

——日本の調査でも高学歴の人間は親の所得が比較的高いことが明らかになっています。

ウィリアムズ　アメリカのプロフェッショナルが勘違いしているのは、心の奥底で、自分たちが現在の地位を手に入れたのは、ワーキング・クラスより頭がいいからだと思っていることです。そしてこうしたプロフェッショナルの思い込みこそが、ワーキング・クラスから尊厳を奪う理由になっています。尊厳を奪われた男性ほど危険なものはありません。女性は尊厳を奪われることに慣れているので、もう少し柔軟性があります（笑）。

中間層の衰退が止まらない

——アメリカで「社会の不平等」は根深いものになりつつあるのですね。

ウィリアムズ　第二次世界大戦以前、アメリカは劇的に不平等な社会でしたが、戦後七〇年代までは親よりも成功する世代が続きました。それはほとんどの白人に当てはまりますが、黒人にはあまり当てはまらなかった。しかし、この四〇年間でそうも言えなくなりました。民主党は、中間層の衰退を止めることができなかった。共和党も同じですが、「（経済的な没落は）あなたのせいではない」と言うことによって、彼らに名誉を与えたのです。

民主党は性差別、人種差別、ＬＧＢＴＱ（性的マイノリティ）[※3]問題にずっと重点を置いてきました。何事も最先端を好む文化的な傾向がエリートにはあって、ワーキング・クラスの文化については何もかも見下す傾向があります。

――アメリカにはあまり性差別はなく、男女平等であると思い込んでいる日本人は多いです。

ウィリアムズ　たしかに日本と比べると、そうかもしれませんが、アメリカのどの組織をみても、圧倒的に特定の家柄（家庭環境）出身の白人男性によって支配されています。非常に上のレベルでは、われわれが考えている以上に日本のようになっているのかもしれません。
ただし、日本の労働市場には、正社員と非正規労働者の区別があり、正社員は絶え間なく働き続けるべきで、上司と飲みに行くこともあります。アメリカではそういうことはありません。アメリカの労働文化は日本のように厳しくないので、うまくやれば女性も大成功できます。

ヒラリー・クリントンは階級に対して無知でありすぎた

——トランプ氏に票を入れた「ホワイト・ワーキング・クラス」は今でも彼を支持していますか？

ウィリアムズ　かなりの人が支持しています。トランプ支持者には強い忠誠心があります。大統領選中にトランプ氏が「私が五番街で人を殺しても、彼らは私を支持するだろう」と言ったのを覚えていますか？　それくらい忠誠心があるのです。彼らは決してトランプ氏の人格を称賛しているのではありません。彼こそが「リアルな人間」だと思っているのです。
アメリカはずっと下り坂でした。トランプが気取って歩き回り、威張り散らすと、それが人々の基本的な本能に訴えたのです。トランプ氏の〝ガキ大将〟のような振る舞いこそ、人々が求めていたものだったのです。私は民主党員ですが、反省を込めていうと、もしわれわれが人々に未来を与え、自分たちの良い面を訴えていれば、大統領選で勝っていたかもしれません。

――もし民主党大会でヒラリー・クリントン氏ではなく、バーニー・サンダーズ氏※4が指名を受けていれば、大統領選挙に勝っていたと思いますか。

ウィリアムズ　それは事実に反する推理になるので、明確な答えは出せません。大統領候補になるということは「残忍な」プロセスです。ずっと非難されている状態にいることですが、バーニー氏はそれを経験していません。
とはいえ、バーニー氏はアメリカ人の経済的な不安にうまく訴えることに関しては、ヒラリー氏よりも優れた手腕を発揮したことは間違いありません。大学の授業料の借金が非常に重いものになっているという不安は、若い管理職のエリートたちのあいだにも共有されています。バーニー氏はそのことをよく理解していました。質素な家庭の出身ですので、そういう経済的な不安がもたらすパワーについて知っていたのです。

――ご存じのように、クリントン氏は『*What Happened*』（何が起きたのか：邦訳版未刊行）という、大統領選で何があったのか、当時者の視点から書いた本を出しました。ロシアの介入や、私用メール問題の再捜査を通知するジェームズ・コミーFBI長官（当時）の書簡が投票日の一一日前に出されたことなどを敗北の原因としています。

ウィリアムズ　クリントン氏敗北の要因はたくさんあると思います。しかし私は、非難されるべきはクリントン氏ではなく、四〇年にわたり怠慢を放置してきた民主党だと考えています。民主党が手をこまねいている間に、共和党は、どの州でも接戦に持ち込む努力をして、選挙結果を色別で示す米国地図では、内陸の各州を共和党の赤に染めました。クリントン氏は共和党の熱心な努力の前に敗れたのです。私は民主党員ですが、これまで何もせずにひたすら何度も同じ過《あやま》ちを繰り返してきた民主党は、われわれの恥です。

クリントン氏敗北の要因には、ロシアの介入もあるでしょう。コミー前ＦＢＩ長官の書簡もあるでしょう。彼女が女性であったことも挙げられます。そして、階級に対して無知であったから負けたのです。

分極化するアメリカ

――アイデンティティ政治について聞きます。これはかつて白人以外について使われていた言葉でしたが、最近では白人にも使われるようになってきました。

ウィリアムズ　アイデンティティ政治は、アメリカには人種やジェンダーによって組織的な権力格差があるという事実を語るためにわれわれが使ってきた、たしかにある意味では非常にダサい言葉です。「われわれをこの問題に引き入れたのは、まさにアイデンティティ政治である。だからそれを捨てるべきだ」と主張する人もいます。ただ、人種とジェンダーについて研究する私のような者にとっては、当惑させるような言い方です。「女性や有色人種は、四〇年間という期間がありながら、達成できたことは平等からほど遠い。だから今度は、それ以外の白人について話題にしましょう」と言っているようにも聞こえます。それはあまり私には魅力的なことであるとは思えません。

その上で、白人についていえば、白人がいかに組織のトップに就いているかについて、あまりにもいい加減な話がされています。前述したように、たしかにアメリカのどの組織を見ても、トップは圧倒的に白人男性が多い。しかしその一方で、ほとんどの白人がそうした特権の恩恵には与っていないわけです。それは社会階級によって始めから不利な立場に置かれているからです。「社会の不平等」について語るならば、彼らを取り残さないようにすることが非常に重要です。

――近年、アメリカについてよく聞かれるようになった言葉が「polarization（分極化）」です。この点についてどう思いますか。

ウィリアムズ　「分極化」は事実です。なぜ、アメリカでこれが起きたかというと、一つにはコンピュータのせいです。コンピュータが誰も予期していなかった、奇妙な結果をもたらしたのです。

――たしかに奇妙に聞こえますね（笑）。どういうことでしょうか。

ウィリアムズ　アメリカでは一〇年ごとに国勢調査（人口調査）が行われ、それを元にして行政区分を再編成します。新しい行政区域ができて、下院議員が選ばれる。しかし、コンピュータは複雑な編成をして、ほとんど共和党員だけの区域やほとんど民主党員だけの区域をつくることができるのです。だからこそ、政治がこれほどまでに「分極化」したのです。すなわち議員たちは、中途半端に保守派であったり、逆に中途半端に進歩派であったりすると、議会での席をなくすので、徹底してどちらかになろうとします。

ちなみに、共和党員は民主党員よりずっと早くこのことに気づいていました。ですから、共和党がやったことは民主党の地域に力を入れるのではなく、共和党が勝つことが明白な地域をつくってそこだけに力を入れたのです。

社会的階級が民主主義を変える――今や世界が気づき始めた

――白人のあなたが、『アメリカを動かす「ホワイト・ワーキング・クラス」という人々』（集英社）という本を出したあとの反応はいかがですか。また、この本を執筆するきっかけは何だったのでしょうか。

ウィリアムズ　私は人種とジェンダーについて幅広く書いてきましたが、この本を出したときはみんな驚きました。いったいどこからこんな本が出てきたのか、と思われたのです（笑）。

この本の執筆のきっかけは、ドナルド・トランプ大統領（の誕生）です。「社会的不平等」を研究している人のほとんどがジェンダーの研究をしているか、人種の研究をしているかのどちらかであり、階級の研究者はアメリカではごくわずかです。もともと私は、もっと広い意味での社会階級全般に興味があり、この点で変わっているかもしれません。私は、異なるベクトルがいかに互いに作用し合って、他のベクトルを強化するかに、とくに関心をもっています。

——自由と平等、そしてアメリカンドリームを実現できる豊かな国。日本人のアメリカに対するイメージはかつてこのようなものであり、長らく理想の社会モデルとされました。そのアメリカで〝何かおかしなことが起きている〟とわれわれ日本人も感じはじめています。

ウィリアムズ　私はこの四〇年間、「社会的不平等」について研究してきました。じつは私自身、専門職の家庭で育ち、四〇年ほど前に結婚して、ホワイト・ワーキング・クラスに入った経験があります。以来、両者のカルチャーギャップを埋めようと努力してきました。

先の大統領選まで、おそらくこのテーマに関心をもつ人は、アメリカに二〇人くらいしかいませんでした（笑）。実際、このカルチャーギャップについて二〇〇九年に本を書いたのですが、誰も耳を貸してくれなかった。これこそ、民主党が知っておくべきテーマだったのに、繰り返しますが誰も関心を示さなかったのです。

そして先の大統領選で、私がずっと懸念していたことがまさに起きたのです。このテーマが非常に重いものであることは確かでした。ただ、トランプ氏が大統領に選出されたことで、私はもう黙っているわけにはいきませんでした。そこで、あっという間に本を書きあげました。すると多くの人から「やっとこのことについて話してくれた」と励ましの手紙を受け取りました。「目から鱗が落ちた」という内容の手紙もたくさんあった。正直、トランプ氏には大統領になってほしくなかったのですが、皮肉なことに、そのおかげでこの問題にみんなが関心を示し始めたのです。

――まさに予期せぬ結果をもたらしたのですね。

ウィリアムズ　トランプ氏が大統領に選出されたことで、ようやくアメリカ人が社会的階級の影響について話し始めた。われわれはその重要性にやっと気づいたのです。

※1　ヒラリー・クリントン：元米国務長官。夫は元米大統領のビル・クリントン。二〇一六年に行われた米大統領選挙で、民主党代表候補として、共和党のドナルド・トランプ氏と選挙戦を戦った。

※2　『*All in the Family*』：一九七一年から七九年まで放映された、アメリカのテレビドラマシリーズ。

※3　LGBTQ：レズビアン、ゲイ、バイセクシャル、トランスジェンダー、ジェンダークィア／クエスチョニング、の頭文字をとったもの。主に性的マイノリティを指す言葉として使われる。

※4　バーニー・サンダース：米上院議員。二〇一六年の米大統領民主党予備選で、ヒラリー・クリントン氏と民主党代表候補の座を争った。社会保障の充実など左派的な経済政策を唱え、主に若者の支持を多く集めた。

Chapter 8

アメリカは分極化の波にさらされる

〝二十世紀において、WASPはたしかに自分たちの優越性を当然であると思っていたでしょう。しかし二〇一六年から二〇一七年にかけて、私の興味をより引いたのは、白人のあいだに「自分たちが犠牲者である」という意識が広まっていたことです。とくに共和党の支持者では、大半の人が「自分たちは差別されている」と思っている。〟（二四五ページより）

Nell Irvin Painter

ネル・アーヴィン・ペインター

プリンストン大学名誉教授

プリンストン大学名誉教授(米国史)、米国科学アカデミー会員。ハーバード大学、カリフォルニア大学を卒業したのち、米国歴史家協会や米国南部史学会の会長を歴任。専門は人種をめぐるアメリカ史。著書に『白人の歴史』(越智道雄訳、東洋書林)など。

写真：編者

ネル・アーヴィン・ペインター氏は名門プリンストン大学の名誉教授で、専門はアメリカ史である。著書には"Southern History Across the Color Line"（人種差別を巡る南部史）、"Creating Black Americans"（黒いアメリカ人を創る）、"The History of White People"（白人の歴史）など人種に関するものが多い（『白人の歴史』をのぞき邦訳版未刊行）。

中でも『白人の歴史』というタイトルで邦訳版（東洋書林）も出ている"The History of White People"は「白人」の概念を明確に詳説し、われわれが今まで漠然としか理解してこなかった「白人」とは何かを、改めて考えさせてくれるものだ。

＊　＊　＊

ペインター女史は「オバマ氏が大統領になっていなければ、トランプ氏は大統領に選出されていない」と断言する。今まで人種差別といえば、白人による他の人種に対する差別であったが、トランプが大統領に選出された背景には、オバマが大統領になってから白人が「差別されてきた」ことがあるという。その白人の不満と怒りが爆発したのが二〇一六年の大統領選だった。

これまで「主流派」であった白人たち、共和党支持の白人の大半が「差別されている」と感じ、自分たちが当然受けるべき尊敬を受けておらず、不当に扱われているという感覚をもっている――。アメリカ社会の大きく深い分断の溝がここに存在するといって良いだろう。

＊　＊　＊

さらにペインター氏は、当選確実と言われていたヒラリー・クリントン候補がトランプにまさかの敗北を喫したのは、アメリカに存在する「ミソジニー（女嫌い）」文化が背景にあるという見立てを披露する。アメリカが男女平等の国であるというイメージを抱いている日本人は多いが、実際のアメリカ社会は圧倒的に男性社会であり、それはありとあらゆる面に顕在化している。その最も顕著な例が大統領選でのヒラリー・クリントンの敗北だった、ということだ。

今アメリカ社会で起きている変化は、一〇年後、二〇年後に日本で起きる、とはしばしば言われることだ。ペインター女史の語りからアメリカの、そして日本の未来を想像してみよう。

――まず本題に入る前に、（邦訳版では五〇〇ページを超える）大著『白人の歴史』において、ペインターさんが展開された議論について教えてください。「白人（種）」とは何でしょうか。

ペインター　私の「白人」の定義は人種的な概念ですが、きわめて大事なことは、そうした定義は「いつ、どの目的で使われるか」によって変化することです。そもそも人種というのはあくまでも概念にすぎず、実際には「生物学的な人種」というものはありません。それにもかかわらず、われわれは恣《し》意《い》的に人種というのが生物学的なものであり、永久的なものであるといった概念をつくり出しています。そしてそうした概念としての人種がその人の中に存在し、「人種的な肉体」と同時に「人種的気質」もあるという考えをもつくり出しているのです。

――ペインターさんは、二〇一六年のアメリカ大統領選において「white identity（白人であるというアイデンティティ）」がターニングポイントになったとニューヨーク・タイムズ紙（二〇一六年一一月一三日付）のコラムに書いています。これはどういう意味ですか。

ペインター　トランプ氏の選挙運動のもっとも基本的な点は、ブラックパワーに対する反動です。普通、ブラックパワーという言葉を使うときは、「Black Power」のように、それぞれの単語の最初の文字を大文字として使いますが、私は大文字ではなく、「black power」というふうに小文字で使います。これは厳しい抑圧や法律面での差別、押し付けられた貧困から湧き出てくる「ブラックパワー」という、もっと普遍的な意味を込めています。今は有色人種（people of color）という言葉を使いますが、彼らが差別を切り抜けてきたのと同じくらいの度合いで、現在白人という名の下で反動が起きている。

二〇一六年の大統領選の火蓋が切られると同時に、白人の不満、白人のナショナリズム、ホワイトパワーという要素に異常なまでの関心の的が向けられました。ドナルド・トランプ氏はそれにうまく乗っかったのです。

一九六〇年代にリチャード・ニクソン氏[※1]は「Southern Strategy（南部戦略）」を展開しました。これは黒人に対する人種差別を訴えることで、南部の白人の有権者から支持を集めるための共和党の戦略です。トランプ氏の戦略にも関係していますが、ニクソン氏の戦略はトランプ氏ほど白人の不満やナショナリズムに向けられたものではありませんでした。

――バラク・オバマ氏が大統領になっていなければ、トランプ氏は大統領に選出されていなかった？

ペインター　そのとおりです。トランプ氏と共和党は、二〇一六年に当選を果たしてから二〇一七年までの一年間、重要な法案を通していません。彼らがこの一年でやってきたことは、オバマ氏がやったことを取り消して元に戻そうとしただけです。前代の大統領がやったことを取り消すというやり方は、政治的にネガティブな方法だといってもいいでしょう。

オバマケアに対する反発がもっとも明白な例です。共和党はオバマケアを何年もかけて破棄しようとしてきましたが、そのたびにオバマケアに含まれている事項を望む人と衝突してきたのです。共和党はとにかくオバマという名が嫌いなようです。

――私は日本では東京外語大英米学科を卒業しましたが、ＷＡＳＰ（White Anglo-Saxon Protestant:アングロサクソン系白人新教徒、ワスプ）は生来、他の人種より優れていると感じている白人であると教えられました。

ペインター　WASPについては、二十世紀の終わり頃によく話されていましたが、いつの間にか明らかにカトリックであるアイリッシュ系アメリカ人も含まれるようになりました。イタリア系アメリカ人は含まれません。七〇年代に“ethnics”（～系アメリカ人）と言われた人はWASPには入っていません。

二十世紀の初期には多くの種類の白人がいましたが、チュートン（ゲルマン民族の一派で、ドイツやオランダ、スカンジナビアなど）やサクソン、アングロサクソン（ドイツ地方を起源とするイングランド系の民族）がベストだと一般的に考えられていました。ドイツ系が強い人種です。ケルト系、アイルランド系、ある程度はスコットランド系も入っています。東欧系、ヘブライ系、ギリシャ系などは「劣等の白人」だと考えられていました。

二十世紀において、WASPはたしかに自分たちの優越性を当然であると思っていたでしょう。しかし二〇一六年から二〇一七年にかけて、私の興味をより引いたのは、白人のあいだに「自分たちは犠牲者である」という意識が広まっていたことです。とくに共和党の支持者では、大半の人が「自分たちは差別されている」と思っている。繰り返しますが、「自分たち白人が人種差別の犠牲者である」という。自分たち白人が当然受けるべき尊敬を受けていないだけではなく、屈辱を与えられ、不当に扱われていると感じているのです。

「アイデンティティ政治」と白人

――二〇一七年頃から、アメリカでは「アイデンティティ政治」という言葉が頻繁《ひんぱん》にメディアに出てくるようになりました。かつては非白人に対して使われていた表現ですが、最近は意味が変わりつつあり、白人も含まれるようになっていると思います。

ペインター そうですね。「アイデンティティ政治」は、社会的不公平の犠牲になっているジェンダー、人種、民族、性的指向など、特定のアイデンティティに基づく集団の利益を代弁して行う政治活動のことです。二〇一六年まで、「アイデンティティ政治」の「アイデンティティ」とは何かといえば、フェミニスト、黒人、ラテン系、ゲイ、レズビアン、トランス・ジェンダーなどを意味しました。それが現在、大野さんが言ったように白人が含まれるようになっています。

最近、ニューヨーク・タイムズに出たチャールズ・ブロー氏（ニューヨーク・タイムズのコラムニストであり、CNNのコントリビューター）の解説を読みましたが、彼は「有色人種や性的指向に基づいて公民権を要求している人のことを指すときだけ、アイデンティティ政治というのではなかったのか」と書いていました。しかし今の政治には、白人のための「アイデンティティ政治」という感じが強くあります。

——そのため、ペインターさんはニューヨーク・タイムズのコラムに「自分を白人と見なすという意味がunmarked default（印がないことが基本：主流派に属するという意味）から、人種的に印を付けられたという意味に根本的に変わった」と書かれたのですね。

ペインター　はい。「白人至上主義者（white supremacy）」たちは自分たちの方が優れていると言いふらしていますが、そこには強い怒りが込められています。かなりの数の白人、とりわけ共和党員にとって、「アイデンティティ政治」というのは自分たちが犠牲者であるという感覚です。

——今の白人は差別されている意識があるので、「新しい黒人である」という人もいますね。

ペインター　(笑)。これだけ多くの白人が自分たちを犠牲者だと見ているので、その表現は当たっているといえるかもしれません。しかし、平均余命や資産、家計所得、誰が国のリーダーであるか、誰が会社の経営者であるか、などをみると、そうした不満は筋が通っていません。

「白人至上主義者」とは何者か

――トランプ氏が大統領になる前から、「白人至上主義」という言葉がメディアを賑わせるようになりました。「白人至上主義者」はトランプ氏のおかげで推進力をもったと公言しています。そもそも、「白人至上主義」の定義は何ですか。

ペインター　白人が生まれつき他のどの人種よりも優れている、知的能力が高い、そして外見もいいという考え方です。二十世紀の初期、植民地主義時代では、白人、とくにアングロサクソン系は他の人を支配する（統治する）才能があったという考えも含まれていました。「白人至上主義」の核心は、白人は本質的に他の人種よりも優れている、それが内在しているということです。ですから、もし白人が麻薬に溺れて死に至ると、それは自分たちのせいではなく、自分以外の力によってやられた、ということになります。他方、もし黒人や肌の茶色い人が麻薬に溺れて死に至ると、彼ら自身のせいで、犯罪者ということになります。

――この「白人至上主義」という思想が出てきたのはかなり前からですが、ドナルド・トランプ氏の登場によってどのように影響を受けていますか。

ペインター　ドナルド・トランプ氏は白人の怒りの結果、大統領に選出されたのです。二〇〇八年にオバマ氏が大統領になったことで黒人が躍進し、周囲を見ると、白人だからといって無条件に職が得られるという前提はなくなりました。私は一九八〇年代、ジェシー・ヘルムズ（共和党の右派の重鎮）が活躍していたときに、彼の出身地であるノースカロライナ州に住んでいました。彼は人種差別的な発言を多くしてきたことで有名ですが、「白い手が取らない仕事を黒い手が取った」という宣伝を使って、それが功を奏しました。仕事の基準に関する議論はありません。白人たちが自分たちの仕事と思っていた仕事に黒人が就くことができたという事実だけです。それがポイントであり、白人の不満なのです。「白人至上主義」という考え方には、(白人でさえあれば)どんな仕事であっても得られるという考えが含まれています。

――この「白人至上主義」という思想が出てきたのはいつですか。

ペインター　KKK(Ku Klux Klan：白人至上主義を掲げ、人種差別的運動を展開するグループ)の誕生が一八六五年であり、一八六七年くらいから急成長しました。ですから、一八六七年といった方が正しいかもしれません。奴隷制は白人が優秀であるという前提でしたが、それを失ったショックからです。KKKはアメリカ南部で結成され、ユリシーズ・グラント大統領(一八六九～七七)のときに、テロリスト集団と認定されて摘発されました。

ただ、「白人至上主義」の台頭について語ることは簡単ですが、現在それがアメリカ人のあいだでは少数派であるということを忘れてはなりません。オバマ氏が二回の大統領選(二〇〇八年、二〇一二年)で大きく勝利を収めたのは、何千、何百万人ものアメリカ人がオバマ氏に投票する気持ちになっていたからです。

トランプの出現により、分極化が表面化した

――バラク・オバマ氏が大統領に選出されたときは、驚きましたか。

ペインター　彼が民主党候補の座を白人であるヒラリー・クリントン氏と戦ったときは驚きました。オバマ氏がアイオワ州の民主党党員集会で勝ったときは、もはやそこまで驚きませんでしたが。

今、われわれがアメリカで目の当たりにしているのは「polarization（分極化、両極化）」であるといわれています。多くの点でアメリカが多民族の国であることを容認する気持ちがある国民がいます。彼らは黒人に投票することも厭《いと》いません。対して、それほどは多くはないけれども、それに断固として反対する国民がいる。この両者のあいだには大きな亀裂があります。それが「分極化」です。

――たしかに「分極化」は、今のアメリカを表すキーワードといってもいいでしょう。そうした傾向は何十年も前から続いているのでしょうか。

ペインター　そうですが、全部が見える形ではなく、見えない部分もあります。二〇一六年の大統領選で、ヒラリー氏が敗北したあと、いろいろな議論がなされました。たとえば、労働者階級の有権者の票を集めるために民主党員は何をすべきだったのか、といった議論がありました。ヒラリー氏は何百万人もの労働者階級の有権者を引き付けましたが、その有権者は階級ではなく、人種によって特徴付けられていました。一つの列にはいわゆる白人がいて、その中にはさらに階級と性別があるはずですが、白人以外の人種はまとめて「残り全部」ということになっていたのです。

――白人の労働者の多くがトランプ支持に回りました。

ペインター　たしかに私も、白人の特権について人が話すのを何回も耳にしています。しかし、カツカツの生活をしている三五歳の白人のトラック運転手にとって、白人の特権などどのような意味があるでしょうか。

――トランプ大統領は、アメリカの「分極化」をますます悪化させていると思いますか。

ペインター　これは今急に起こった問題というよりも、見えない部分で昔から起こっていたことがトランプ大統領によって見えるようになったということです。トランプ大統領の誕生までは、白人であるということは、人種アイデンティティを持つ必要はないということでした。つまり、たんなる一個人であったということです。トランプ氏の大統領選挙運動中から、あるいは反オバマ大統領（当時）の状況の中で、多くの白人が初めて「自分たちが白人という人種である」ことを意識したのです。

女性であることがヒラリーの敗因？

――コロンビア大学のグウェンダ・ブレア教授（ジャーナリズム科）にインタビューしたとき、ヒラリー・クリントン氏が女性であるということ、そしてアメリカ人が女性大統領をもつことをいまだ受け入れていない、という点を理解しておかなければならないと言われました。

ペインター　ヒラリー氏が女性であることは、大いに関係があります。アメリカ人には「ミソジニー（女嫌い）」があります。トップに女性がいることに対する嫌悪感があるのです。たとえば、ヒラリー氏のメール問題がくどくどと繰り返し報道されましたが、これが男性であればここまで追及されなかったでしょう。

また多くのフェミニストたちにとって、世代間の分裂がありました。私のように「古いフェミニスト」はみんなヒラリー氏の味方でしたが、若い世代のフェミニストたちはヒラリー氏の振る舞いには我慢できませんでした。自分の母親を思い出させるからです。

――ヒラリー・クリントン氏は、二〇一七年九月にこの大統領選を回顧する『*What Happened*（何が起きたのか）』という本を出版しましたね（邦訳版は未刊行）。この本の中で、大統領選における敗北を、自分以外の事のせいにしているように思えました。

ペインター　私も、本を買って読みました。たしかに彼女の敗北は自分以外の原因だったと思います（笑）。スーザン・ボード氏[※2]も『*The Destruction of Hillary Clinton*（ヒラリー・クリントンの破壊）』（邦訳版未刊行）という本を出しました。私にとって興味深いのはどちらの本もミソジニー（女嫌い）について書いていることです。他の本はそうした要因についてあまり触れていませんが、ヒラリー氏が女性であったことは、やはり大統領選の敗因の一つだと思います。

トランプ大統領は「アメリカを再び白くする」

――「Alt-right（オルタナ右翼）」についてお尋ねしたいと思います。これはどのような思想ですか。

ペインター　右翼思想の一種で、白人至上主義のオンライン版といえます（注：オルタナ右翼たちは、主にＳＮＳでの発信やネット上での書き込みを行っている）。バージニア州シャーロッツビルで二〇一七年八月、大規模な白人至上主義者の集会がありました。集会に抗議する人々に車が突っ込み、一人が死亡、十数人がケガをするという事態となりました。非常事態宣言が出されるほどの混乱に陥りました。

ここでパレードをしていた白人至上主義者たちは「オルタナ右翼」と言われています。私は「オルタナ右翼」は新奇な思想というよりも、現代のテクノロジーを利用した白人至上主義と考えています。

――ドナルド・トランプ大統領の選出はそういう運動に推進力を与えたと思いますか。

ペインター それは間違いありません。すでに政権から追放されましたが、トランプ大統領がスティーブ・バノン氏（右派系保守ウェブメディアの元会長であり、大統領選でトランプ陣営の選挙対策本部部長を務めた）を政権に入れたことをみてもわかります。それが非常に強いシグナルを与えました。

――もし「オルタナ右翼」と呼ばれる白人に「あなたは人種差別主義者ですか」と聞いたらどう答えるでしょうか。もっとも、自ら人種差別主義者を名乗る人はいないかもしれませんが。

ペインター　彼らは「いえいえ、私は人種差別主義者ではありません」と答えるでしょう。たとえば、従業員を雇用する立場にある者が、相手がアジア系とかユダヤ系とか黒人であるという理由で雇わないと言えば、雇う側は人種差別主義者であるだけでなく、「bigotry（偏狭さ）」を見せているのであり、違法です。大問題になります。

――二〇一七年一一月一四日付のウォール・ストリート・ジャーナルに「FBIの統計によればヘイト犯罪が増加している」という記事がありますが、どうして今、人種差別的動機から起こる「ヘイト犯罪」が増えていると思いますか。

ペインター　それはトランプ大統領や彼を取り巻く人たちが、言いたいことをそのまま言えばいい、やりたいことは何でもできると見境をなくしたからです。トランプ氏が「Make America Great Again」（アメリカを再び偉大にする）と言ったのは「Make America White Again」（アメリカを再び「白く」する）の意味だったのです。

――トランプ氏がもし次期大統領選で立候補したら、再選すると思いますか？

ペインター　それはわかりませんが、考えると恐ろしいことです。というのも、再選されるだろうという懸念が感じられるからです。

民主党は現在、バラバラになっています。現状を変えるには、議会を変える必要がありります。つまり、皆黙っていないで、次期中間選挙の際に民主党員として自ら立候補し、議員になるべきだということです。また民主党員が議員として選ばれるには、教育委員会といったようなもっとローカルなレベルから選ばなければいけない。二〇一六年の大統領選で民主党が負けたのは、そういう一見小さく見えることを軽視していたからです。

――これから、アメリカはどの方向に向かって進んでいくのでしょうか。

ペインター　三億三〇〇〇万人のアメリカ人が皆、同じ考えを持っているわけではありません。その意味では、アメリカがいったいどこに向かっているのか、私にもわかりません。

ただ半年前に比べ、私自身もいくぶんか平静さを取り戻しました。それまでアメリカで起きていることがあまりにもありえないことだったので、アメリカにいることに耐えられなくなった私は、夫と一緒にカナダのニューファンドランド島とラブラドール地方に一カ月間保養に行っていたほどです。

※1　リチャード・ニクソン：第三七代米大統領。任期は一九六九年から七四年まで。ベトナム戦争からの撤退やソ連とのデタントの実現など、「ニクソン外交」と呼ばれる積極的な外交政策を行った。

※2　スーザン・ボード：ケンタッキー大学のジェンダー・女性学の研究者であり、著作家。

エピローグ

私はこれまで数千人にわたる海外識者に取材を重ねてきたが、本書で独占インタビューを敢行したのは、まさに世界の知性のオールスターとも言うべき人物たちである。とりわけジャレド・ダイアモンド氏、ユヴァル・ノア・ハラリ氏、ダニエル・コーエン氏、リンダ・グラットン氏はその著書が各国で翻訳されてベストセラーとなり、世界で最も注目されている人物だ。

世界にそびえ立つ「知の頂上」から、彼らが一望する未来について語ったのが本書である。彼らの見立ては、重なり合うこともあれば、異なる方向を指していることもある。たとえば、AIがもたらす社会変革についてハラリ氏は「大量の失業者が溢れる」との懸念を示すが、対してボストロム氏は「AIがすべてをやってくれる『理想郷』が訪れれば、人は娯楽的活動に専念する」と楽観的な意見を披露する。慧眼の士ですら異なった答えを導き出すこうした難問に対し、我々はこれから向き合っていかねばならない。

いずれにしても、異なる分野の泰斗である八名すべてに共通するのは、知への飽くなき探求であり、過去・現在の事象に対する丹念かつ大胆な考察である。彼らとの対話は、常に新たな発見に満ち、非常にエキサイティングなものだった。今、改めてインタビューを読み直し、その知の大海に浸る喜びを噛みしめている。

人はともすると日々目先のことに追われ、未来について沈思黙考するのを避けがちになるが、未来について考えることができるのは人間だけに与えられた特権であり、特殊な能力であることを忘れてはならない。

さらにいえば、未来は不確実であるがゆえに、実際に未来を形づくっていくのは、未来への思考であり、思考から生まれる意志そのものであるとも言える。本書が、読者の皆さまが来たるべき未来について考える際の一助となれば嬉しく思う。

これらのインタビューはロンドン、オックスフォード、パリ、エルサレム（イスラエル）、アメリカではカリフォルニア州、ニュージャージー州で行われたが、一回の世界一周取材旅行で行ったわけではない。

本書はそれぞれ月刊誌『Ｖｏｉｃｅ』（ＰＨＰ研究所）と、ウェブメディア「NewsPicks」に一部掲載されたインタビューの完全版とも言えるものだ。ジャレド・ダイアモンド氏とウィリアム・ペリー氏については二〇一八年五月に追加取材を行った。

最後に、快くインタビューに応じてくれた八人の知の巨人たちに心からの感謝を捧げたいと思う。そして、『Ｖｏｉｃｅ』編集長の永田貴之氏、担当編集者の中西史也氏には私がインタビュイーとして推薦する人物をすべて快諾していただいたこと、以前『Ｖｏｉｃｅ』の担当編集者であった、野村高文氏（現NewsPicks編集者）には書籍掲載の承諾をいただいたことを心から感謝したいと思う。さらにＰＨＰ新書編集部の才色兼備の編集者、大岩央氏には、雑誌掲載時から伴走いただき、書籍化にあたっては貴重なアドバイスをいただいた。この場を借りて御礼を申し上げたい。

二〇一八年六月　　東京にて　　大野和基

初出一覧

ジャレド・ダイアモンド／『Voice』2013年7月号、2018年7月号
ユヴァル・ノア・ハラリ／『NewsPicks』2017年2月22日～26日
リンダ・グラットン／『NewsPicks』2017年5月29日～6月2日
ニック・ボストロム／『Voice』2018年5月号
ダニエル・コーエン／『Voice』2018年4月号
ウィリアム・J・ペリー／『Voice』2018年3月号
ジョーン・C・ウィリアムズ／『Voice』2018年2月号
ネル・アーヴィン・ペインター／『Voice』2018年1月号

[編者略歴]
大野和基[おおの・かずもと]

1955年、兵庫県生まれ。大阪府立北野高校、東京外国語大学英米学科卒業。1979～97年在米。コーネル大学で化学、ニューヨーク医科大学で基礎医学を学ぶ。その後、現地でジャーナリストとしての活動を開始、国際情勢の裏側、医療問題から経済まで幅広い分野の取材・執筆を行なう。1997年に帰国後も、取材のため、頻繁に渡航。アメリカの最新事情に精通している。編著書に『知の最先端』(PHP新書)、『英語の品格』(ロッシェル・カップ氏との共著、インターナショナル新書)、訳書に『そして日本経済が世界の希望になる』(PHP新書)など多数。近年はテレビでも活躍。2018年夏に自身のオンラインサロンを開設予定。

PHP新書

PHP INTERFACE
https://www.php.co.jp/

未来を読む

AIと格差は世界を滅ぼすか

PHP新書 1144

二〇一八年六月二十九日　第一版第一刷

著者――ジャレド・ダイアモンド／ユヴァル・ノア・ハラリ／リンダ・グラットン／ニック・ボストロム／ダニエル・コーエン／ウィリアム・J・ペリー／ジョーン・C・ウィリアムズ／ネル・アーヴィン・ペインター

インタビュー・編――大野和基

発行者――後藤淳一
発行所――株式会社PHP研究所
東京本部――〒135-8137 江東区豊洲5-6-52
第一制作部 ☎03-3520-9615（編集）
普及部 ☎03-3520-9630（販売）
京都本部――〒601-8411 京都市南区西九条北ノ内町11
組版――有限会社エヴリ・シンク
装幀者――芦澤泰偉＋児崎雅淑
印刷所・製本所――図書印刷株式会社

ISBN978-4-569-84106-9

ＰＨＰ新書刊行にあたって

「繁栄を通じて平和と幸福を」(PEACE and HAPPINESS through PROSPERITY)の願いのもと、ＰＨＰ研究所が創設されて今年で五十周年を迎えます。その歩みは、日本人が先の戦争を乗り越え、並々ならぬ努力を続けて、今日の繁栄を築き上げてきた軌跡に重なります。

しかし、平和で豊かな生活を手にした現在、多くの日本人は、自分が何のために生きているのか、どのように生きていきたいのかを、見失いつつあるように思われます。そして、その間にも、日本国内や世界のみならず地球規模での大きな変化が日々生起し、解決すべき問題となって私たちのもとに押し寄せてきます。

このような時代に人生の確かな価値を見出し、生きる喜びに満ちあふれた社会を実現するために、いま何が求められているのでしょうか。それは、先達が培ってきた知恵を紡ぎ直すこと、その上で自分たち一人一人がおかれた現実と進むべき未来について丹念に考えていくこと以外にはありません。

その営みは、単なる知識に終わらない深い思索へ、そしてよく生きるための哲学への旅でもあります。弊所が創設五十周年を迎えましたのを機に、ＰＨＰ新書を創刊し、この新たな旅を読者と共に歩んでいきたいと思っています。多くの読者の共感と支援を心よりお願いいたします。

一九九六年十月

ＰＨＰ研究所

1128 男性という孤独な存在　橘木俊詔
1140 「情の力」で勝つ日本　日下公人

［経済・経営］

187 働くひとのためのキャリア・デザイン　金井壽宏
379 なぜトヨタは人を育てるのがうまいのか　若松義人
450 トヨタの上司は現場で何を伝えているのか　若松義人
543 ハイエク 知識社会の自由主義　池田信夫
587 微分・積分を知らずに経営を語るな　内山 力
594 新しい資本主義　原 丈人
620 自分らしいキャリアのつくり方　高橋俊介
752 日本企業にいま大切なこと　野中郁次郎／遠藤 功
852 ドラッカーとオーケストラの組織論　山岸淳子
882 成長戦略のまやかし　小幡 績
887 そして日本経済が世界の希望になる
ポール・クルーグマン［著］／山形浩生［監修・解説］／大野和基［訳］
892 知の最先端　クレイトン・クリステンセンほか［著］／
大野和基［インタビュー・編］
901 ホワイト企業　高橋俊介
908 インフレどころか世界はデフレで蘇る　中原圭介
932 なぜローカル経済から日本は甦るのか　冨山和彦
958 ケインズの逆襲、ハイエクの慧眼　松尾 匡
973 ネオアベノミクスの論点　若田部昌澄
980 三越伊勢丹 ブランド力の神髄　大西 洋
984 逆流するグローバリズム　竹森俊平
985 新しいグローバルビジネスの教科書　山田英二
998 超インフラ論　藤井 聡
1003 その場しのぎの会社が、なぜ変われたのか　内山 力
1023 大変化――経済学が教える二〇二〇年の日本と世界　竹中平蔵
1027 戦後経済史は嘘ばかり　髙橋洋一
1029 ハーバードでいちばん人気の国・日本　佐藤智恵
1033 自由のジレンマを解く　松尾 匡
1034 日本経済の「質」はなぜ世界最高なのか　福島清彦
1039 中国経済はどこまで崩壊するのか　安達誠司
1080 クラッシャー上司　松崎一葉
1081 三越伊勢丹 モノづくりの哲学　大西 洋／内田裕子
1084 セブン-イレブン1号店 繁盛する商い　山本憲司
1088 「年金問題」は嘘ばかり　髙橋洋一
1105 「米中経済戦争」の内実を読み解く　津上俊哉
1114 クルマを捨ててこそ地方は甦る　藤井 聡
1120 人口知能は資本主義を終焉させるか
齊藤元章／井上智洋
1136 残念な職場　河合 薫

［言語・外国語］

996 にほんご歳時記 山口謠司
1011 みっともない女 川北義則
1110 実践 ポジティブ心理学 前野隆司

［政治・外交］

318・319 憲法で読むアメリカ史（上・下） 阿川尚之
426 日本人としてこれだけは知っておきたいこと 中西輝政
745 官僚の責任 古賀茂明
746 ほんとうは強い日本 田母神俊雄
807 ほんとうは危ない日本 田母神俊雄
826 迫りくる日中冷戦の時代 中西輝政
841 日本の「情報と外交」 孫崎 享
874 憲法問題 伊藤 真
881 官房長官を見れば政権の実力がわかる 菊池正史
891 利権の復活 古賀茂明
893 語られざる中国の結末 宮家邦彦
898 なぜ中国から離れると日本はうまくいくのか 石 平
920 テレビが伝えない憲法の話 木村草太
931 中国の大問題 丹羽宇一郎
954 哀しき半島国家 韓国の結末 宮家邦彦
964 中国外交の大失敗 中西輝政
965 アメリカはイスラム国に勝てない 宮田 律
967 新・台湾の主張 李 登輝
972 安倍政権は本当に強いのか 御厨 貴
979 なぜ中国は覇権の妄想をやめられないのか 石 平
982 戦後リベラルの終焉 池田信夫
986 こんなに脆い中国共産党 日暮高則
988 従属国家論 佐伯啓思
989 東アジアの軍事情勢はこれからどうなるのか 能勢伸之
993 中国は腹の底で日本をどう思っているのか 富坂 聰
999 国を守る責任 折木良一
1000 アメリカの戦争責任 竹田恒泰
1005 ほんとうは共産党が嫌いな中国人 宇田川敬介
1008 護憲派メディアの何が気持ち悪いのか 潮 匡人
1014 優しいサヨクの復活 島田雅彦
1019 愛国ってなんだ 民族・郷土・戦争 古谷経衡［著］／奥田愛基［対談者］
1024 ヨーロッパから民主主義が消える 川口マーン惠美
1031 中東複合危機から第三次世界大戦へ 山内昌之
1042 だれが沖縄を殺すのか ロバート・D・エルドリッヂ
1043 なぜ韓国外交は日本に敗れたのか 武貞秀士
1045 世界に負けない日本 薮中三十二

[文学・芸術]

[知的技術]